Préfixes et suffixes français

フランス語の接頭辞・接尾辞

小倉 博史
モーリス・ジャケ

協力
山川 清太郎

SURUGADAI-SHUPPANSHA

Design: dice

まえがき

本書はギリシア語源，ラテン語源の接頭辞，接尾辞の知識を得て，単語の構造を知ることにより，単にフランス語検定試験，DELF, DALF といったような資格試験対策だけではなく，初めて出会った単語の意味を推測したり，知らない単語を想像したりして，フランス語を学ぶ上において必須のフランス語の語彙力を増強させることを目的としています．

本書を繰り返し利用し，接頭辞，接尾辞の意味を理解し語彙力を増強させれば，より上級の資格取得のみならず，フランス語の「読む，書く，話す，聞く」といったフランス語の総合的な運用能力を飛躍的に伸ばすことができるものと確信しています．

それぞれの接頭辞・接尾辞は下記の構成になっています．

１ページ目：フランスあるいはフランス文化のより一般的な主題についてのテキストを提示しています．各々のテキストには，接頭辞あるいは接尾辞の勉強になる４～５つの単語が含まれています．これらの単語はキーワードの項で取り上げ，接頭辞，接尾辞の意味を説明しています．

２ページ目：この頁では読者の方の語彙の知識をより向上させる手助けをするために補足的な説明を加えています．

３ページ目：テキストで取り上げた接頭辞あるいは接尾辞のテーマに関する２～３の練習問題を設けています．解答は巻末にあります．これらの問題は仏検（上級レベル）の筆記試験，口頭試験をモデルにしています．

４ページ目：１ページ目のテキストの全訳と注を載せています．

また，最後には語彙力を試すための Testez-vous ! を載せました．提示されたテストにチャレンジしてください．皆さんの潜在的な弱点を知るのに役立つでしょう．これらのテストは仏検，あるいは DELF, DALF の試験を基にしています．

最後になりましたが，本書の出版に至るまでに適切なご指摘を賜りました駿河台出版社 上野名保子さんに，この場をお借りして衷心よりお礼申し上げます．

2020年　青葉の匂う候

著者

目　次

préfixe a-

接頭辞 a- はラテン語の前置詞 ad「〜に向かって」に由来し，行為の方向，目標，開始などを表す.

Un sport ancien de nouveau à la mode !

Aux XVIIIe et XIXe siècles, la capoeira était un art martial pratiqué par les esclaves africains, au Brésil. Aujourd'hui, c'est un véritable art sportif, très complet, qui permet d'**affermir** les muscles, d'**assouplir** le corps et d'**allonger** la silhouette par des mouvements d'expression corporelle et de danse inspirés à l'origine de ceux d'animaux. La capoeira est conviviale : elle est accompagnée par des chanteurs et des musiciens qui apportent de l'énergie au groupe. Elle permet aussi d'**approfondir** ses connaissances sur la langue portugaise et la culture brésilienne. Il y a certainement un club de capoeira près de chez vous. Pourquoi ne pas essayer ?

（訳 p.004）

mots-clefs

affermir 強固にする ← ferme 堅い
assouplir 柔らかくする ← souple 柔らかい
allonger 伸ばす ← long(ue) 長い
approfondir 深く究める ← profond(e) 深い

En plus

接頭辞 a-(母音の前では an-) はギリシア語の接頭辞 a「否定」に由来し，形容詞，名詞につき，「否定，欠如」の意．形容詞・名詞につき，-er, -ir とともに動詞を作る．

moral 道徳的な → **amoral** 無道徳な
normal 正常な → **anormal** 異常な
tendre 優しい → **attendrir** ほろりとさせる
(la) faim 空腹 → **affamer** 飢えさせる

- Ce petit garçon est totalement **analphabète**.
  この子供は完全に文盲である．

接頭辞 a- はラテン語の前置詞 ad「～に向かって」に由来し，動詞につき，「行為の方向，目標，開始」などを表す．

mener 連れて行く → **amener**（人を相手の近くまで）連れて行く
border 沿っている → **aborder**（相手に）近づく，取り組む
courir 走る → **accourir**（相手の近くに）駆けつける
joindre 結合する → **adjoindre**（相手に一緒に）付ける
porter 運ぶ → **apporter**（物を相手の近くまで）持って行く

- Voulez-vous **approcher**, s'il vous plaît ?　Je ne vous entends pas.
  こっちの方に来てもらえますか？　あなたの言っていることが聞こえません．

この接頭辞の書記上の規則

接頭辞 a-：c-, f-, g-, l-, p-, r-, s-, t- の前では語頭の子音字を重ねる．
接頭辞 an-：母音字や無音の h- の前で用いる．

Entraînement

練習問題1 次の1～5の文章がテキストの内容に合致するものには○印を，合致しないものには×印をつけなさい．

(1) La capoeira est un art martial datant du siècle dernier. (　　)
(2) La capoeira vient du Portugal. (　　)
(3) Ses mouvements imitent ceux des animaux. (　　)
(4) Sa pratique rend le corps plus souple. (　　)
(5) Cet art martial se pratique en musique. (　　)

練習問題2 次の1～6の意味に合致するものを (a) ～ (f) の中から選びなさい．

(1) Aller ensemble (　　)　(2) Mettre ensemble (　　)
(3) Sans nom (　　)　(4) Sans dieu (　　)
(5) Rendre plus sage (　　)　(6) Rendre plus pauvre (　　)

(a) accompagner　(b) anonyme　(c) appauvrir
(d) assagir　(e) assembler　(f) athée

練習問題3 次の1～3の文章と同義になるように適切な動詞を選び，文章を完成させなさい．

(1) Le Président : « Nous allons augmenter la richesse du pays. »
Le Président : « Nous allons (　　) la richesse du pays. »
(2) Le consommateur : « Il faut que les prix soient plus bas ! »
Le consommateur : « Il faut (　　) les prix ! »
(3) Le pilote : « Nous allons nous poser dans 3 minutes. »
Le pilote : « Nous allons (　　) dans 3 minutes ! »

(a) abaisser (b) accoster (c) accroître (d) annuler (e) approcher (f) atterrir

（解答 p.182）

Traduction

再び流行の古いスポーツ

18世紀，19世紀には，ブラジルでは，カポエイラはアフリカの奴隷から生まれた戦意を高揚させる武芸であった．今日では，元来，動物の動きから着想を得た肉体表現とダンスの動きによって筋肉を強固にし，肉体を柔らかくし，体の線を伸ばすことのできる真のとても完全な武術である．カポエイラには親和性があり，集まっている人々にエネルギーを与える歌手や音楽家を伴って行われる．さらにポルトガル語とブラジル文化の知識を深く究めることができる．皆さんの家の近くにもきっとカポエイラのクラブはあります．カポエイラをやってみませんか？

Note

La capoeira était un art martial utilisé par les esclaves africains, au Brésil : 動詞 était の不定形は être なので，〈主語＋動詞＋属詞〉の構文である．

silhouette: フランスの政治家 Silhouette は1759年蔵相になり，僅か 8 カ月で失脚したことに由来する．

préfixe anti- (↔pro-)

接頭辞 anti- はギリシア語接頭辞 anti に由来し，「反対，対抗」の意.
pro- はラテン語接頭辞 pro に由来し，「～に味方する」の意.
ハイフンの使用はかなり稀である.

Protégeons notre planète !

La notion de « protection de l'environnement » s'est installée dans le débat politique, en France, dans les années 70, lors des premières campagnes **antinucléaires**. Minoritaire au début, elle est aujourd'hui entrée dans le discours des gens. Les campagnes **antipollution** et **antitabac** des années 90 ont permis à un plus grand nombre de Français de prendre conscience de l'importance de l'écologie. Aujourd'hui, les luttes **anti-OGM** montrent que le débat s'intensifie pour demander une agriculture plus respectueuse de la nature et une alimentation plus saine. Le futur de l'homme en dépend.

(訳 p.008)

mots-clefs

antinucléaire 反核の ← (le) nucléaire（原子）核の
antipollution 反公害 ← (la) pollution 公害
antitabac 嫌煙の ← (le) tabac（喫煙用）たばこ
anti-OGM 反遺伝子組み換え ← (les) OGM 遺伝子組み換え
(OGM : organisme génétiquement modifié)

En plus

接頭辞 anti- で作られる単語は形容詞であれ名詞であれ，一般にハイフンを介さずに一語で書かれる．しかし母音字 i- で始まる語の場合，あるいは複合名詞の場合にはハイフンを介する．固有名詞に先行するときも同様である．

des phares **antibrouillard** フォグランプ
une pommade **anti-inflammatoire** 抗炎症性の軟膏
un navire **anti-sous-marins** 対潜の船舶
des sentiments **anti-Français** 反フランス人の感情
une manifestation **anti-LE PEN !** 反ルペンのデモ

anti- の反意語 pro- は，ラテン語前置詞 prō に由来し，「好意を持つ」の意である．ハイフンの使用はかなり稀である．

anglais 英国の → **proanglais** 英国びいきの
communiste 共産主義 → **procommuniste** 共産主義を支持する

ギリシア語接頭辞 anti- に由来する anti- は，医学の分野で，「予防」の意を持つ．
une pommade **antiseptique** 消毒用軟膏
un médicament **antidouleur** 痛み止めの薬

Entraînement

練習問題1 次の1～5の文章がテキストの内容に合致するものには○印を，合致しないものには×印をつけなさい．

(1) L'écologie est un sujet politique en France depuis la fin de la Seconde guerre mondiale. (　　)

(2) Les idées sur la protection de l'environnement étaient minoritaires, au début des années 70. (　　)

(3) Les problèmes de pollution et de tabagie ont popularisé les idées écologiques. (　　)

(4) Une agriculture plus naturelle, c'est ce que demandent les partisans de l'écologie. (　　)

(5) L'avenir de l'homme est lié à un développement écologique harmonieux. (　　)

練習問題2 下記の単語の中から適切な単語を1つずつ選び，下線部に入れなさい．

(1) une peinture ....

(2) un contrôle .... (dans le sport)

(3) une crème .... (pour le visage)

(4) la brigade .... (de la police)

(5) une personne ....

(6) un médicament ....

(7) un casque .... (pour un motard)

(8) un parti politique ....

(a) antibiotique　(b) antichoc　(c) anticommuniste　(d) antidopage
(e) antigang　(f) antipathique　(g) antirides　(h) antirouille （解答 p.182）

Traduction

地球を守ろう

フランスでは「環境保護」の観念は70年代に最初の反核キャンペーンの時に政治討論の場に根付いた．最初は少数派であったが，今日では環境保護は人々の話題になっている．90年代の反公害と嫌煙のキャンペーンはエコロジーの重要性を意識して多くのフランス人にも受け入れられた．今日では遺伝子組み換えに反対する闘いが，自然を敬う農業と健全な食品を求めるために議論が盛り上がっていることを証明している．人類の将来は遺伝子組み換えの闘いにかかっている．

préfixe **biblio-**

接頭辞 biblio- はギリシア語 biblos「書き物」の指小辞 biblion「本」に由来し,「書物, 本」の意.

L'amour des livres

Une fois par mois, le **bibliobus** s'arrête dans notre village pour une journée entière. Les enfants des écoles, les personnes âgées et tous ceux qui aiment lire viennent y emprunter des livres qu'ils pourront garder jusqu'au prochain passage. Le **bibliothécaire** est sympathique et sait donner de bons conseils. C'est la seule solution pour beaucoup de personnes, car la **bibliothèque** la plus proche se trouve à plus d'une heure en voiture. Les **bibliophiles** et **bibliomanes**, eux, préfèrent se rendre dans les librairies de la ville pour y trouver livres rares et anciens qu'ils rangeront avec amour dans leur **bibliothèque** personnelle.

(訳 p.012)

mots-clefs

(le) **bibliobus** 移動図書館 ← (un) bus
un(e) **bibliothécaire** 司書 ← -aire「行為の主体[対象]となる人」の意
un(e) **bibliophile** 愛書趣味 ← -phile「～を愛する, 好む」の意
un(e) **bibliomane** 蔵書狂 ← -mane, manie「熱狂, 心酔」の意
une) **bibliothèque** 図書館 ← -thèque「(本などの)保管所」の意

En plus

接頭辞 biblio- はフランス語では約30語で用いられ, bibliothèque, bibliothécaire, bibliographie などが特によく用いられる.

(un) **bibliographe** 書誌学者　-graphe は「書く(記録する)人」の意

- À la fin de mon mémoire, j'ai écrit la **bibliographie** des livres que j'ai utilisés pour l'écrire.
  私は論文の終わりに, 書くのに用いた参考文献の本を書いた.

日常会話で余り用いられない単語は次の通りである.

(la) **bibliologie** 図書学　＊-logie は「学, 論」の意
(une) **bibliopoche** 文庫本専門店
(la) **bibliopsychologie** 本の心理学

bibliothèque の接頭辞 bibli- は高校生や大学生の間では特によく用いられる.

- Je vais à la "**bibli**" chercher un livre et on se retrouve à la "cafet".
  私は本を探しに図書館に行き, カフェテリアで落ち合う.

世界でもっとも大きな図書館はアメリカのワシントンにある連邦議会図書館である. 蔵書は1億2800万冊あり, その中にモンテスキューやボシュエなどのフランスの作家の貴重書もある.
libretto（イタリア語）（オペラなどの）台本 → librettiste（オペラなどの）台本作者
aperto libro（ラテン語）「本を開けて」→ à livre ouvert「準備なしに, 容易に」

Entraînement

練習問題1 次の1～5の文章がテキストの内容に合致するものには○印を，合致しないものには×印をつけなさい．

(1) Le bibliobus s'arrête une journée par mois dans ce village. ( )

(2) Chaque habitant peut emprunter des livres. ( )

(3) On peut emprunter des livres pendant 2 mois. ( )

(4) La bibliothèque la plus proche n'ouvre qu'une heure par jour. ( )

(5) On peut acheter des livres rares dans le bibliobus. ( )

練習問題2 (a) ～ (e) の中から適切な語を選び，文を完成させなさい．

(1) Chez moi, dans mon salon, j'ai une très jolie .... en bois d'acajou.

(2) Le .... vient d'arriver sur la place de l'église. Allons-y !

(3) Mon père est .... : il collectionne tous les livres qu'il trouve.

(4) Ma mère est .... : elle aime les livres rares et anciens.

(5) La .... de notre quartier est un bâtiment très moderne.

(6) Grâce à la .... , on peut aider les enfants malades.

(a) bibliothèque (x2) (b) bibliobus (c) bibliomane
(d) bibliophile (e) bibliothérapie

(解答 p.183)

Traduction

本好き

月に一度，移動図書館が一日中私たちの村に止まる．児童やお年寄りそして本を読むのが好きな人たちが次の巡回まで手元に置けるであろう本を借りにそこにやって来る．司書は感じがよくて，適切なアドバイスをしてくれる． 多くの人々にとってこれは唯一の解決策である．というのは，最も近い図書館が車で 1 時間以上かかるところにあるからである．愛書趣味と蔵書狂いの人たちは自分の書棚に念入りに並べるであろう貴重書や古書を見つけるために市の書店に好んで赴くのである．

Note

bus : bus の語源は，ラテン語形容詞 omnis「すべての」複数与格形「～に」omnibus「すべての人に」の語尾の bus に由来する．omnibus はフランス語では「普通列車」の意．

préfixe CO-

接頭辞 co- はラテン語の接頭辞 co-「共に」に由来し,「共に,同時に,相互に」の意.copain という語は接頭辞 co と pain から成り立ち,「一緒にパンを食べる」の意である.

La mode du « co »

Pour être indépendants et ne plus vivre chez leurs parents, beaucoup de Jeunes choisissent de devenir **colocataires** dans un grand appartement. Chacun y trouve son espace de liberté malgré une certaine forme de communauté : on y pratique la **cogestion** des dépenses et la **codécision** pour tout ce qui concerne le groupe. Autre mode : le **covoiturage**, qui permet de partager les frais de transports. La mode du « co » vient peut-être de l'envie d'un monde moins égoïste, où l'on retrouve la joie de partager avec les autres, avec les **copains** !

(訳 p.016)

mots-clefs

(un) **colocataire** 共同借家人	←	(un) locataire 借家人
(la) **cogestion** 共同管理	←	(la) gestion 管理
(la) **codécision** 共同決定	←	(la) décision 決定
(le) **covoiturage** 共同運送	←	(le) voiturage 運送
(un) **copain** 仲間,男友達		
(une) **copine** 仲間,女友達	←	copiner 仲良くする

En plus

co-「一点に，集まって」，「強意，完結」の意.

co-	母音の前で	(un) auteur 著者 → (un) **coauteur** 共著者 (l') éducation 教育 → (la) **coéducation** 男女共学 exister 存在する → **coexister** 共存する opérer 行う → **coopérer** 協力する
col-	l の前で	loque「話す人」の意 → **colloque** シンポジウム
com-	b-, m-, p- の前で	battre 戦う → **combattre** 打ち合う poser 置く → **composer** ともに置く→組み立てる
cor-	r- の前で	rect「まっすぐな」の意 → **correct** 完全にまっすぐな，正しい
con-	他の子音字の前で	**contemporain** 同時代の

incident, incidence, inculpé などのように，in- で始まる語は in[ɛ̃] の音を保持するために，i の上にトレマをつけて ï、coïncident, coïncidence, coïnculpé となる .

Entraînement

練習問題1 次の1～5の文章がテキストの内容に合致するものには○印を，合致しないものには×印をつけなさい．

(1) Devenir colocataire permet de ne plus habiter avec ses parents. (　　)

(2) Lorsqu'on est colocataire, on a besoin de gérer l'appartement avec les autres. (　　)

(3) Dans une colocation, tout est décidé par le colocataire le plus ancien dans l'appartement. (　　)

(4) Le covoiturage permet de faire des économies sur les frais de transport. (　　)

練習問題2 接頭辞 co- のついている語には○印を，ついていない語には×印をつけ日本語訳を書きなさい．

	日本語		○×
(1)		une collaboration	
(2)		un codétenu	
(3)		une comédie	
(4)		du coton	
(5)		un compagnon	
(6)		un codirecteur	
(7)		de la colle	
(8)		un cocktail	
(9)		un concitoyen	
(10)		une coiffeuse	

（解答 p.183）

Traduction

co「共同」の流行

もはや自分たちの両親の家で生活するのではなく，自立して生活するために多くの若者たちは大きなアパルトマンの共同借家人になることを選ぶ．ある種の共同生活の形態にもかかわらず各々は自分たちの自由なスペースを見つけることができる．そこでは出費について共同管理し，グループに関するすべてのことについて共同決定をする．他の方法としては交通費を分けあって車を共有することがある．co「共同」の流行は多分，自分本位ではない世界への願望から来ている．そこでは他の人々，友達と共有する喜びを見いだしている．

Note

chacun y trouve：y は中性代名詞で dans un grand appartement を指す．
où l'on retrouve la joie：そこでは＝自分本位ではない世界では．
co：ラテン語から派生したフランス語以外の言語では，イタリア語 con，ルーマニア語 cu，スペイン語・ポルトガル語 com は，いずれも前置詞で，「～と共に」の意だが，フランス語の前置詞 avec の語源はラテン語 apud+hoque「それとともに」に由来する．

préfixe contre-

接頭辞 contre- はラテン語の副詞・前置詞 conra「～に対立して」に由来し，「対抗，対立，敵対」などの意．

Un vrai ou un faux ?

Dans certains pays touristiques, il est possible de trouver des objets de marques de luxe très connues pour un prix dérisoire. Ils ont été **contrefaits** et sont des imitations parfois très réussies ! L'acheteur est souvent tenté par le prix. Mais lors d'un prochain voyage, il vaut mieux renoncer, même à **contrecœur**, à ce genre d'achat ! Le risque est grand. À votre retour, le douanier pourrait vous arrêter pour **contrefaçon** ou **contrebande**. Les amendes à payer seraient lourdes, même pour un faux T-shirt Adidas, un faux DVD de film à succès ou un faux sac Vuitton ! Le jeu n'en vaut pas la chandelle !

(訳 p.020)

mots-clefs

contrefaire 偽造する ← faire
à **contrecœur** しぶしぶ，不承不承 ← (le) cœur
(la) **contrefaçon** 偽造 ← façonner
contrebande 密輸入 ← bando 申告（イタリア語）
▶ (un) faux にせもの，贋作 ← (un) faussaire 偽造者

En plus

contre-chant, contrechant の両方がある. contrebande, contrebasse, contrebasson, contrechamp, contrecœur, contrecoup を除けば，ハイフンを介する.

・**contre** 「対抗，敵対，対立」の意

(une) attaque 攻撃 → (une) **contre-attaque** 逆襲

(le) terrorisme テロリズム → (le) **contre-terrorisme** テロリズムへの対抗措置

・**contre** 「逆方向，反対側」の意

(un) **contre-jour** 逆光線

(une) **contre-pente** 反対斜面

・**contre** 「補助，補足」の意

(une) **contre-allée** 側道

(un) **contre-amiral** 海軍少将

・**contre** 「釣合い，交換」の意

(un) **contre-poids** 釣り合う重さ

(une) **contre-valeur** 交換価値

▶ **faux, fausse** 偽物の，模造の

(un) **faux-monnayeur** 贋金造り

(un) **faux-semblant** 見せかけ，虚飾

(un) **faux-sens (= un contresens)**（文中の）語の意味の取り違え，誤読

Entraînement

練習問題1 次の1～5の文章がテキストの内容に合致するものには○印を，合致しないものには×印をつけなさい．

(1) Dans certains pays, il est possible d'acheter des imitations de produits de luxe pour un prix très bas. (　　)

(2) Ces imitations ressemblent souvent parfaitement aux originaux. (　　)

(3) Posséder ces produits contrefaits est légal. (　　)

(4) Importer ces produits peut vous valoir une amende très élevée, à votre retour de voyage. (　　)

(5) C'est une bonne idée que d'acheter ces faux ! (　　)

練習問題2 下記の語の中から下線部分に替わる適切な語を選びなさい．

(1) Tes idées vont dans le sens contraire des autres !

(2) Pierre est très fatigué. C'est la conséquence de sa maladie.

(3) Cette montre est une imitation.

(4) Nous avons eu un incident. Voilà pourquoi nous sommes en retard.

(5) Marie est allée voir le psychologue mais avec beaucoup de réticences.

(6) Tu as fait une erreur en traduisant ce mot comme cela !

(a) à contre-courant　(b) à contrecœur　(c) une contrefaçon
(d) un contretemps　(e) un contresens　(f) le contrecoup

（解答 p.184）

Traduction

本物あるいは偽物

　ある観光地では，非常によく知られている最高のブランド商品を余りにも低価格で見つけることができる．それらは偽造された，そして時として非常に見事な模造品である．購入者はしばしば価格に引き付けられる．しかし，次の旅行の時にはこの種の買い物をしぶしぶであっても断念したほうが良い．リスクが高いのだ．帰国した時には税関は偽造あるいは密輸入であなたを逮捕するかもしれない．ヒットした映画の偽 DVD あるいはルイヴィトンの偽バッグ，あるいはアディダスの偽 T シャツでさえも支払わなければならない罰金は重いものになるだろう．危険は割に合わないのである．

Note

« Le jeu n'en vaut pas la chandelle ! » : 賭博のろうそく代は無駄だ→危険は割に合わない

préfixe dé-

接頭辞 dé- はラテン語の前置詞 de に由来し，「分離，隔離，除去，否定，終結，強意」などの意.

Petite liste

Petite liste des choses à faire avant de **déménager** :
- **débrancher** le téléphone ;
- **démonter** l'armoire et le lit de la chambre de Marie ;
- **dévisser** les tringles à rideaux ;
- **désherber** le jardin ;
- **déclouer** les étagères dans le salon ;
- **dégivrer** le frigo et **décongeler** le congélateur

et ne pas se **décourager** devant tout ce qu'il reste à faire !

（訳 p.024）

mots-clefs

déménager 引っ越しをする	←	(un) ménage	家事；夫婦
débrancher 回路を切断する	←	brancher	接続する
démonter 分解する	←	monter	組み立てる
dévisser ネジを抜く	←	visser	ネジで固定する
désherber 雑草を除去する	←	(l') herbe	草
déclouer 釘を抜く	←	clouer	釘，鋲で固定する
dégivrer 霜を取り除く	←	(le) givre	霜
décongeler 解凍する	←	congeler	冷凍する
(se) **décourager** 落胆させる	←	(le) courage	勇気

En plus

■ **接頭辞 dé- は 2 つの異なる方法で用いられる.〈dé +名詞〉は「剥奪,除去,分離」の意を持つ.この場合,反対語の動詞は接頭辞のない形では存在しない.**

enlever le manche d'un balai 柄を取り去る
→ **démancher** un balai 箒の柄をはずす
enlever les os du poulet 若鶏の骨を取り去る
→ **désosser** un poulet 若鶏の骨を抜く
enlever du courage 勇気を奪う
→ **décourager** がっかりさせる
être privé(e) d'honneur 名誉を奪われる
→ **déshonorer** 名誉を傷つける

■ **〈dé +動詞〉は接頭辞のない動詞の逆の意味を表す.**

faire ses valises → **défaire** ses valises
スーツケースに荷物をつめる　スーツケースを開けて中身を出す

ranger ses affaires → **déranger** ses affaires
身の回りの物を整理する　身の回りの物を散らかす

■ **dé-(母音,無音の h の前では dés-)「剥奪,除去,欠如,否定」の意.**

enlever l'herbe → **désherber**
草を取り去る　雑草を取る

■ **dé-(母音,無音の h の前では dés-)「終結,完遂,強意」の意.**

nier 否定する → **dénier** はっきり否定する

Entraînement

練習問題1 次の1～5の文章がテキストの内容に合致するものには○印を，合致しないものには×印をつけなさい．

(1) Cette personne s'appelle Marie. (　　)

(2) Cette personne va bientôt changer de lieu d'habitation. (　　)

(3) Elle doit garder son courage car elle a beaucoup à faire. (　　)

(4) Elle doit vider son frigo pour le dégivrer. (　　)

(5) Elle veut installer le téléphone. (　　)

練習問題2 (a) (b) の中から適切な語を選び文を完成させなさい．

(1) Le docteur : «(　　) votre chemise, je vais vous examiner.»

(a) Boutonnez　(b) Déboutonnez

(2) Le décorateur : «Nous allons (　　) le papier au mur et le changer.»

(a) coller　(b) décoller

(3) L'instituteur : «Tu ne dois pas (　　) à tes parents !»

(a) obéir　(b) désobéir

(4) Le touriste à l'aéroport : «Où est le bureau de (　　) s'il vous plaît ?»

(a) taxe　(b) détaxe

(5) Le coiffeur : «Je vais vous (　　) un shampoing aux algues.»

(a) faire　(b) défaire

(6) Maman : «Mange proprement sinon tu vas (　　) ton pull !»

(a) tacher　(b) détacher

（解答 p.184）

Traduction

引っ越す前にすべきことの小リスト

–電話の回線を切ること
–マリーの寝室の洋服ダンスとベッドを分解すること
–カーテンレールのネジをはずすこと
–庭の雑草を抜くこと
–居間の飾り棚の釘を抜くこと
–冷蔵庫の霜を取ること，そしてフリーザーを解凍すること
そして，しなければならないやり残していることを前にしてもがっかりしないこと！

Note

avant de ＋不定形：～する前に
(une) chambre：寝室．(une) pièce は部屋数を言う場合に用いられる．(une) salle は必ず用途を明示する語と共に用いられる．(une) salle à manger 食堂

préfixe dis-

接頭辞 dis-（別形：di-, f の前では dif-）はラテン語の接頭辞 dis-（「分離」を示す）に由来し，「分離，隔離，分散，欠如，否定，強意」などの意で，動詞，名詞，形容詞，時として副詞の中で見られる．

De faux champions !

Le « Tour de France » est la plus belle course cycliste au monde. Pourtant, ces vingt dernières années, on ne compte plus les coureurs **disqualifiés**, les vainqueurs tombés en **disgrâce** pour cause de dopage. Cette course est très longue : il faut parcourir plus de 3500 kilomètres en 22 jours. Elle est très **difficile** aussi car il faut être un sportif complet. Chaque coureur rêve de porter le maillot jaune le dernier jour, sur les Champs-Élysées, mais un bon coureur rapide peut **disparaître** dans le classement final s'il n'est pas aussi un bon grimpeur. Si les problèmes de dopage sont résolus, alors le « Tour de France » fêtera sa cent-dixième édition en 2023.

（訳 p.028）

mots-clefs

disqualifier 失格させる	←	qualifier 出場資格を与える
disgrâce 失寵	←	grâce 恩寵
difficile 難しい	←	facile やさしい
disparaître 消える，姿を消す	←	paraître 出る，姿を見せる

En plus

dis-（別形：di-,f の前では dif-）は「分散，分離，ずれ」を表す．

fère（合成語要素「～を運ぶ」の意） → **différer**（ずれた方向に運ぶ→）異なる，延期する

mens-（語基「測定，計測」の意） → **dimension**（全方向に向けて測ること→）寸法

min(i), minu(s)-（語基「小さい，より小さい」の意）
→ **diminuer** 減少させる

■「欠如，否定」を表す．

continu 連続的な → **discontinu** 不連続の

- Le magicien vient de faire **disparaître** un lapin.
  奇術師は兎を消えさせたばかりだ．

■「完遂，強意」を表す．

poser 置く → **disposer**（きちんと置く→）配置する

dis- と dys-

接頭辞 dis- と dys- は同音異義語で，混同されることがあるため各々の意味を理解することで区別することが必要である．接頭辞 dys- はギリシア語源で，「異常，困難，痛み」などの悪い状態を喚起する学者語で，「困難，障害」の意があり，特に医学の分野で用いられる．

- Mon petit garçon est **dyslexique**, il a des difficultés à l'école.
  私の息子は読字障害で，学校で困難を抱えている．

Entraînement

練習問題1 次の1～5の文章がテキストの内容に合致するものには○印を，合致しないものには×印をつけなさい．

(1) Le Tour de France est une épreuve sportive cycliste. (　　)

(2) Cette course dure plus d'un mois. (　　)

(3) Ces dernières années, le dopage est devenu un problème. (　　)

(4) Le vainqueur du Tour porte un maillot de couleur jaune. (　　)

(5) Pour gagner le Tour, il faut être rapide et bon grimpeur. (　　)

練習問題2 下記の語の中から適切な語を選び，文を完成させなさい．

(1) Ce coureur a été .... pour dopage.

(2) Cet homme a été .... Ce n'était pas lui le voleur.

(3) Cette femme a .... son identité aux policiers.

(4) Cet aventurier a .... dans la jungle.

(5) Pierre est vraiment .... : il n'est pas poli.

(6) Il faut tracer un trait .... du point A au point B.

(7) Mélanie a un visage .... : elle n'est pas jolie.

(a) discontinu　(b) discourtois　(c) disculpé　(d) disgracieux
(e) disparu　(f) disqualifié　(g) dissimulé

（解答 p.185）

Traduction

偽のチャンピオン達

ツール・ド・フランスは世界で最も大きいサイクリストのレースだ．しかしながら，この20年間ドーピングが原因で失脚した勝者など失格者が数えきれない．このレースは非常に長い．22日間で3500キロ以上走破しなければならない．このレースはまた非常に難しい．というのは完全にフェアでなければならないからである．各選手は最終日にシャンゼリゼ大通りでマイヨ・ジョーヌを着ることを夢見ている．しかし，最速の選手はまた最速の山登りの選手でなければ，最終順位では姿を消すこともある．これらのドーピングの問題が解決されれば，2023年にツール・ド・フランスは第110回大会を祝うことになるだろう．

préfixe em-, en-

接頭辞 em-, en- はラテン語の副詞 inde「そこから」に由来し，「〜の中に，〜の方へ」を表す．b-, m-, p- の前で em-.

La Guyane

La Guyane est un département français situé en Amérique du Sud. Elle est connue aujourd'hui pour son centre spatial et la fusée Ariane. Mais pendant 100 ans, de 1852 à 1946, elle a été la destination des bagnards, que l'on **embarquait** sur des navires, **emprisonnés** par des chaînes, pour les **emmener** vers ce territoire lointain de l'Hexagone. Les conditions de vie y étaient terribles. Elles furent décrites par le journaliste Albert LONDRES. 70 000 condamnés y furent envoyés, mais seuls 3 pour cent survécurent. Les autres y furent **enterrés** sur place ou **emportés** par l'océan en tentant de fuir. L'opinion publique s'émut et on décida de fermer le bagne, honte pour le pays des « Droits de l'homme ».

（訳 p.032）

mots-clefs

embarquer（乗り物に）乗る ← (une) barque 小舟
emprisonner 投獄する ← (une) prison 刑務所
emmener 連れて行く ← mener 連れて行く
enterrer 埋める ← (de la) terre 地面
emporter 持って行く，運ぶ ← porter 持って行く，運ぶ

En plus

動詞について「～からの移動，移行」を表す（⇔ a-）.

amener 連れて行く ⇔ **emmener** 連れ去る
apporter 持ってくる（行く） ⇔ **emporter** 運び去る

名詞について，多く動詞語尾とともに動詞を作る.

(un) bras 腕 → **embrasser** 抱く
(un) pied 足 → **empiéter**（足を踏み入れる→）侵す
(un) dos 背中 → **endosser** 羽織る；責任を負う

①「～の中に」②「～からの移動」の他に③「（ある状態への）移行」の意もある.

① **enfermer** 閉じ込める：Pourquoi **as**-tu **enfermé** le chien dans le garage ? 君はなぜ犬を車庫に閉じ込めたのか？
enfourner オーブンの窯に入れる：Le boulanger vient d'**enfourner** des baguettes.
パン屋はバゲットをオーブンの窯に入れたところだ.

② **emporter** 持って行く：N'oublie pas d'**emporter** ton passeport avec toi ! パスポートを持って行くのを忘れないでね.
emmener 連れて行く：Peux-tu **emmener** bébé au jardin public ? 赤ちゃんを公園に連れて行ってくれる？

③ **enlaidir** 醜くなる：Je trouve que ce papier peint **enlaidit** le salon ! 私はこの壁紙は客間の美観を損ねると思う.
s'enrichir 裕福になる：Jean **s'est enrichi** en faisant du commerce avec l'Asie. ジャンはアジアとの取引でお金持ちになった.

Entraînement

練習問題1 次の1～5の文章がテキストの内容に合致するものには○印を，合致しないものには×印をつけなさい．

(1) La Guyane est un département français situé dans l'Hexagone. (　　)

(2) Autrefois, la France envoyait tous ses prisonniers en Guyane. (　　)

(3) Les bagnards, en Guyane, vivaient dans des conditions terribles. (　　)

(4) La plupart des bagnards envoyés en Guyane ne sont jamais revenus dans l'Hexagone. (　　)

(5) Aujourd'hui, la Guyane est le lieu de départ des fusées Ariane. (　　)

練習問題2 意味が通るように適切に単語を結びつけなさい．

(1)	entourer	•	•	un tableau	(a)
(2)	enclore	•	•	la bonne réponse	(b)
(3)	encadrer	•	•	le jardin	(c)
(4)	embouteiller	•	•	de l'argent	(d)
(5)	empiler	•	•	des boîtes	(e)
(6)	encaisser	•	•	du vin	(f)
(7)	engraisser	•	•	un animal	(g)
(8)	empoter	•	•	un parapluie	(h)
(9)	emporter	•	•	des tulipes	(i)

（解答 p.186）

Traduction

ギアナ

ギアナは南アメリカに位置するフランスの海外県である．ここは今日では宇宙センターとアリアーヌロケットで知られている．しかし1852年から1946年までの100年間，ギアナは徒刑囚たちの行先であった．フランス本土から遠いこの領土に，船に乗せられ，鎖でつながれ，運ばれる場所であった．ここでの生活は過酷なものだった．それらの状況は新聞記者アルベール・ロンドルによって報じられた．7万人の受刑者が送られ，たった 3 パーセントだけが生き残った．残りの者はその地に埋葬されたり，脱走を企てて大洋にさらわれた．世論は反響を呼び，「人権」国として恥であるとして流刑地を閉鎖することになった．

Note

l'Hexagone：フランス本土（ほぼ 6 角形であることから）

furent：être の直説法単純過去

s'émut：s'émouvoir の直説法単純過去

préfixe il-, im-, in-, ir-

接頭辞 in-, im-, il-, ir- はラテン語接頭辞 in「打消しの意を含む」に由来し,「否定, 欠如, ～の中に, ～の上に, 移行, 強意」の意.

Écologie

Si nous ne faisons pas attention aux problèmes de l'environnement, dans quelques années, notre planète deviendra **invivable**. L'air y sera **irrespirable**, l'eau potable **insuffisante** pour toute la population. Le réchauffement de la Terre aura de graves conséquences pour de nombreux pays. Pour changer cela, tous les petits gestes comptent : faire attention à l'eau, éteindre les lampes, moins utiliser sa voiture. Sauver notre planète n'est pas **impossible**. Chacun doit agir dès maintenant !

(訳 p.036)

mots-clefs

invivable 住むに耐えない ← vivre 生活する, 生きる
irrespirable (空気が)呼吸しにくい ← respirer 呼吸する
insuffisante 足りない ← suffire 十分である
impossible 不可能な ← être possible 可能である

En plus

次のような接頭辞の付け方に注意．l（lassable は除く）の前では il-, b, m, p の前では im-, r で始まる語の前では ir-.

接頭辞	頭文字	単語	接頭辞＋単語
il- in-	l-	légal(e) lassable	**illégal(e)** 違法の **inlassable** 不屈の
im-	b-	buvable battable	**imbuvable** 飲めない **imbattable** 不敗の，無敗の
	m-	mobile mangeable	**immobile** 動かない **immangeable** 食べられない
	p-	patient(e) puissant(e)	**impatient(e)** 忍耐のない **impuissant(e)** 無力な
ir-	r-	régulier(-ère) réel(le)	**irrégulier(-ère)** 不規則な **irréel(le)** 非現実的な

発音上の注意

in- は原則として [ɛ̃] と発音する．しかし，接頭辞の後の単語が母音字（無音の h を含む）で始まっている場合には [in-] と発音する．
adapté(e) → **inadapté(e)** [inadapte] 適応できない
habité(e) → **inhabité(e)** [inabite] 人の住んでいない

in+ 子音字 [ɛ̃] im+ 子音字（m を除く）[ɛ̃]	in+ 母音字 [in]　im+m [im] ir+r [ir]　il+l [il]
insoutenable, imprécis(e)	**inexact(e), immoral(e),** **irréel(le), illogique**

Entraînement

練習問題1 次の1～5の文章がテキストの内容に合致するものには○印を，合致しないものには×印をつけなさい.

(1) Il n'est pas nécessaire de tenir compte des problèmes d'environnement pour notre planète. (　　)

(2) Dans le futur, notre air pourrait être de plus en plus pollué. (　　)

(3) Notre planète pourrait manquer d'eau potable. (　　)

(4) Pour éviter ces problèmes, chacun doit faire attention. (　　)

(5) Il est trop tard pour sauver notre planète. (　　)

練習問題2 次の (1) から (8) のカッコ内に，最も適切なものを (a) ～ (h) の中から選びなさい.

(1) Ton écriture est (　　) : je ne comprends rien.

(2) Dans ce restaurant, la nourriture est (　　).

(3) Attention, ton calcul est (　　) : tu as fait une erreur.

(4) Ce smartphone est (　　) : il vaut mieux en acheter un nouveau.

(5) Ce poisson est (　　) à la consommation.

(6) Attention, avec ce visa, travailler est (　　).

(7) Julie est complètement (　　) pour son âge.

(8) Trouver ce travail intéressant et bien payé était (　　) pour moi.

(a) illégal　(b) illisible　(c) immangeable　(d) immature
(e) impropre　(f) inespéré　(g) inexact　(h) irréparable

（解答 p.186）

Traduction

エコロジー

もし私たちが環境問題に気をつけなければ，数年後には私たちの地球は住めなくなるだろう．空気が汚染され呼吸しにくくなり，すべての住民に足りる飲料水は不足するだろう．地球の温暖化は多くの国々にとって深刻な結果をもたらすだろう．これを打開するためには，水に注意を払い，電灯を消し，自家用車をできるだけ使用しないようにするなど普段の心掛けが大切である．私たちの地球を救うことは不可能ではない．各自が今すぐにでも行動しなければならない．

Note

de graves conséquences :〈形容詞 + 名詞〉の語順では不定冠詞複数 des は de になるが，jeunes gens（若者たち），jeunes filles（娘たち），petites filles（少女たち），petits pois（グリーンピース），grands magasins（デパート）などは一つの概念の名詞として扱われるので，不定冠詞複数 des が用いられる．

préfixe mal-

接頭辞 mal- はラテン語の形容詞 malus「悪い」に由来し，「不完全な，不十分な」の意.

SDF

Les SDF (sans domicile fixe) ne cachent pas tous leur **malheur** ou leur **mal-être** : certains ont décidé de camper en plein Paris pour montrer leurs difficultés à se loger. Tous ne sont pas **malodorants** ou **malpolis**. Certains travaillent, mais ne gagnent pas assez pour louer un logement. D'autres refusent d'aller dans les foyers d'accueil, où l'ambiance est quelquefois **malsaine**. Parfois, vivre dans la rue est un choix. Mais derrière chacun d'entre eux se cache une histoire personnelle difficile : divorce, chômage, décès d'un parent. De nombreuses associations essaient de les aider, mais ce n'est jamais facile !

(訳 p.040)

mots-clefs

malheur 不幸	←	heur 幸運　bonheur 幸福
mal-être 不満，貧困	←	être mal
malodorant 悪臭を放つ	←	odorant 芳香を放つ
malpoli 無作法な	←	poli 礼儀正しい
malsain 健康に悪い	←	sain 健康な，健やかな

En plus

mal +動詞

avisé(e) 思慮深い，慎重な → **malavisé(e)** 思慮のない，軽率な
bâti(e) がっしりした → **malbâti(e)**（体が）不格好な

mal +名詞

chance 運 → **malchance** 不運
gré 好み → **malgré** 意に反して

mal +形容詞

propre 清潔な → **malpropre** 不潔な
commode 便利な → **malcommode** 不便な
habile 器用な → **malhabile** 不器用な

- J'ai été **maladroit** avec Sophie. Depuis, elle ne me parle plus.
  僕はソフィーに対して軽率なことをした．それ以来，彼女は僕ともう話をしない．

ハイフンで結ばれる名詞や表現もある．

mal-aimé(e) 愛されない人	**mal-logé(e)** 住宅条件の悪い人
mal-en-point 具合が悪い	**mal-vivre** 貧しい暮らし
mal-être 不快，苦痛	

接頭辞 mal-, dé-, des-, dis- はかなり近い意味であるが，mal- は他人との人間関係で，形容詞とともに用いられる．

- Ce boulanger est **malgracieux** avec ses clients !
  このパン屋は客に無愛想である．
- Cette fille a un visage **disgracieux**.
  この娘は無愛想な顔だ．

Entraînement

練習問題1　次の1～5の文章がテキストの内容に合致するものには○印を，合致しないものには×印をつけなさい．

(1) Les SDF ont beaucoup de difficultés à se loger. (　　)

(2) Ils ne gagnent pas assez d'argent pour louer un logement. (　　)

(3) Certains SDF n'aiment pas aller dans les foyers d'accueil. (　　)

(4) Les SDF ont souvent eu des problèmes dans leur vie. (　　)

(5) En France, personne ne les aide. (　　)

練習問題2　それぞれの文意に合う適切な形の形容詞を選びなさい．

(1) Cet horloger est vraiment (　　) de ses doigts. Il a réparé ma montre.

(a) habile　　(b) malhabile

(2) Cette table est (　　). Il faut la nettoyer !

(a) propre　　(b) malpropre

(3) J'ai beaucoup de (　　) : je viens de gagner au loto !

(a) chance　　(b) malchance

(4) Un grand (　　) est arrivé à ma tante. Elle a perdu son chat.

(a) bonheur　　(b) malheur

(5) Mon voisin n'est pas (　　). Je lui ai prêté 100 euros, mais il ne me les rend pas.

(a) honnête　　(b) malhonnête

（解答 p.187）

Traduction

ホームレス

ホームレスは自分たちの不幸あるいは自分たちの貧困を隠さない．ある人たちは住むことの難しさを示すためにパリの真ん中で野宿することを決心したりする．すべての人が悪臭を放ったり我が物顔であるというわけではない．ある人たちは働いているが，住まいを借りるのに十分なお金を稼いでいない．他の人たちは受け入れ施設に入ることを拒む．そこでの雰囲気は時として不健全で，街路で生活することも一つの選択である．しかし，彼らのそれぞれの背景には離婚，失業，親の死などの難しい個人的な事情がある．多くの団体が彼らに救いの手を差し伸べるが，決して容易なことではない．

préfixe mi-

接頭辞 mi- はラテン語の形容詞 medisus「中間の，半分の」に由来し，「半ば，半分，途中」の意．一般にハイフンを伴うが，副詞句の前ではハイフンなしに独立して使われる場合もある．

Une Cendrillon moderne !

C'était un peu avant **minuit**, en plein **milieu** de la Place de la Concorde ! Marie était à **mi-chemin** de son travail, en retard comme d'habitude. Il pleuvait, elle allait trop vite. Elle est tombée de sa moto devant la voiture de Pierre. Il s'est arrêté, l'a aidée à se relever et a été séduit par son apparence **mi-femme, mi-enfant**. Elle s'est excusée, lui a dit qu'elle était pressée. Les cloches d'une église ont sonné les douze coups de **minuit**. Elle est partie très vite, a disparu dans la nuit. Aujourd'hui encore, Pierre se souvient de cette Cendrillon casquée, sur sa moto japonaise !

（訳 p.044）

mots-clefs

minuit 真夜中，夜中の12時	←	(la) nuit 夜
(le) **milieu**（場所・期間の）真ん中	←	(le) lieu 場所
(à) **mi-chemin** 途中で	←	(le) chemin 道
mi-femme 半ば女性のような	←	(une) femme 女性
mi-enfant 半ば子供のような	←	un(e) enfant 子供

En plus

mi- は不変化語で，物あるいは場所の相等しい2つの半分の分割をマークするのに用いられる．

(la) jambe 脚 → à **mi-jambe** 脚の中ほどまで
(le) temps 時，時間 → (la) **mi-temps** d'un match ハーフタイム
(le mois d') août 8月 → à la **mi-août** 8月中旬に

mi- はある状態から別の状態への移行も表わす．

fondu(e) 溶けた → de la neige **mi-fondue** 溶けかけた雪

次のような語はこの接頭辞 mi- による複合語であるがハイフンを介さない．

midi 正午 mi + di（ラテン語 diēs）
(la) **migraine** 頭痛，片頭痛（後期ラテン語 hēmicrānia)

接頭辞 demi-, hémi-, semi- は同じ「半分」の意である．

・**demi-**「半分の，不完全の」の意．名詞，形容詞，過去分詞につく．ラテン語 dis + medius「中間の」．
demi-place 半額料金の席 **à demi mort** 半死半生の
à demi réel 半分は本当で

・**hémi-**「2分の1，半分」の意．形容詞，名詞につく．
hémicrânie 片頭痛（ラテン語 hémicrānia)
hémiface 半面，顔面半分（hémi + face)，**hémifacial** 半面の，顔面半分の

・**semi-**「半分，半ば，部分的」の意．形容詞，名詞につく．ラテン語接頭辞 sémi「半分の」に由来．
semi-automatique 半自動の **semi-voyelle** 半母音

Entraînement

練習問題1 次の1～5の文章がテキストの内容に合致するものには○印を，合致しないものには×印をつけなさい．

(1) Cette histoire se passe à Paris. (　　)

(2) Marie est très souvent en retard. (　　)

(3) Marie a l'air jeune. (　　)

(4) Cette histoire se passe en pleine nuit. (　　)

(5) Marie est japonaise. (　　)

練習問題2 下記の表現の中から適切な語を選び文を完成させなさい．

(1) Bébé a les yeux ( ). Il va s'endormir !

(2) L' Australie se trouve ( ).

(3) Notre équipe de foot a perdu ce tournoi ( ).

(4) Ce prisonnier a été mis ( ) pour bonne conduite en prison.

(5) Pierre avait l'air ( ) quand je lui ai raconté mon histoire. Il ne me croit pas.

(6) Notre maison est située ( ) sur les collines qui entourent la ville.

(7) Ma femme est toujours en retard d'au moins ( ) !

(a) mi-figue, mi-raisin　(b) dans l'hémisphère sud　(c) à mi-hauteur
(d) en demi-finale　(e) en semi-liberté　(f) mi-clos
(g) une demi-heure

（解答 p.188）

Traduction

現代のシンデレラ

　それは真夜中近くコンコルド広場のど真ん中でだった．マリーはいつもより遅く仕事に向かう途中であった．雨が降っていて彼女はかなり急いでいた．彼女はピエールの車の前でオートバイから倒れた．彼は停車し，彼女を抱き起こした．彼は半ば女性的な，かつ半ば子供のような彼女の外見に魅了された．彼女は謝り，彼に急いでいると言った．真夜中の12時を告げる教会の鐘が鳴った．彼女は素早く立ち去り，闇の中に消えた．今日も尚，ピエールは日本製のオートバイに乗り，ヘルメットをかぶったシンデレラのことを思い出している．

Note

l'a aidée : 複合時制で動詞の前に直接目的補語が来ているので，l'（la の省略）に性数が一致して，過去分詞は aidée となる．

préfixe **mini-**

接頭辞 mini-はラテン語の名詞 minimum「最小」に由来し，「とても小さい，非常に短い」の意.

mini は petit の同義語である．母音で始まる語の場合ハイフンを介するが．それ以外の場合は一語で書かれる.

Mode

« Petit, petit, petit, tout est mini dans notre vie ! » chantait Jacques DUTRONC dans les années 60. Les filles portaient des **minijupes** en croquant des **mini légumes**. Les jeunes jouaient au **minigolf** ou écoutaient des chansons sur leurs **minichaînes**. Les voyageurs dégustaient une bière au **minibar** du train qui les emmenait en vacances sur la Côte d'azur. Puis la mode est passée. Aujourd'hui, on fait mieux encore. Le mini est dépassé, place au « nano » comme dans l'informatique qui utilise désormais des *nano*technologies.

（訳 p.048）

mots-clefs

(une) **minijupe** ミニスカート ← (une) jupe スカート

(un) **mini légume** ミニ野菜 ← (un) légume 野菜

(un) **minigolf** ミニゴルフ ← (un) golf ゴルフ

(une) **minichaîne** ミニコンポ ← (une) chaîne stéréo ステレオセット

(un) **minibar** ミニバー ← (un) bar バー

En plus

小さい，あるいは極端に小さい物を表わすのにフランス語にはいくつかの接頭辞がある．最も日常的なのは，もちろん maxi-（ラテン語 maximum「最大」）に由来し，「非常に大きい，大変長い，重要な，長期の」の意の反対語の mini- である．

une **minijupe** ⇔ une maxijupe マキシスカート
le **minimalisme** ミニマリズム ⇔ le maximalisme マクシマリズム，過激主義
le **minimum** 最小，最低 ⇔ le maximum 最大，最高

接頭辞 mini- で構成されるすべての語が常に maxi- と対立するわけではない．
des **miniskis** ミニスキー ⇔ des skis スキー

接頭辞 micro- は今なお「もっと小さい」何かを表わす．しかし，かなり稀である．

(la) chirurgie 外科 → la **microchirurgie** 顕微鏡手術
(un) climat → un **microclimat** 微気候
(une) fiche → une **microfiche** マイクロフィッシュ

micro- の反対語 macro はギリシア語 makros「長い，大きい」に由来し，「巨大な，長い」の意．méga- はギリシア語 mégas「大きい」に由来し，「大きい，巨大」の意．

la **microphotographie** 顕微鏡写真 ⇔ macrophotographie 拡大写真
un **microphone** マイクロフォン ⇔ un mégaphone メガフォン

接頭辞 nano- はラテン語 nānus「小さな」に由来し，「矮小な，微小の」の意．

Entraînement

練習問題1 次の1～5の文章がテキストの内容に合致するものには○印を，合致しないものには×印をつけなさい.

(1) Jacques DUTRONC est un chanteur français. ( )

(2) Dans les années 60, la mode était aux jupes très courtes. ( )

(3) On joue au minigolf sur un terrain normal. ( )

(4) Dans les années 60, on prenait le train pour aller dans le Midi de la France. Le TGV n'existait pas. ( )

(5) Maintenant, le mot « mini » est passé de mode. ( )

練習問題2 各々の定義文に合う適切な語を選びなさい.

(1) quelqu'un qui a beaucoup d'orgueil : ( )

(2) un petit autocar : un ( )

(3) une unité de mesure du temps : une ( )

(4) une unité de mesure de la lumière : un ( )

(5) un très petit organisme vivant : un ( )

(6) une très très grande ville : une ( )

(7) un jeune sportif (de moins de 13 ans) : un ( )

(8) un style de peinture recherchant la simplicité : le ( )

(a) mégapole (b) mégalomane (c) microseconde
(d) microlux (e) microbe (f) minibus
(g) minime (h) minimalisme

(解答 p.188)

Traduction

流行

「小さい，小さい，小さい，すべてが小さい」私たちの人生において！」と60年代にジャック・デュトロンが歌っていた．女性たちはミニスカートをはき，ミニ野菜をかじっていた．若者たちはミニゴルフをしたり，ミニコンポでシャンソンを聞いていた．旅行者たちはコートダジュールへのバカンスに向かう列車のミニバーでビールを楽しんで飲んでいた．次の流行は移り変わる．今日，今なお進歩している．ミニは時代遅れである．今やナノテクノロジーを用いるコンピューター業界のようにナノの出番だ．

Note

place à : ～の出番だ
nanotechnologie (n.f.) : ナノテクノロジー（超微細メカニズムを製造する技術）

préfixes négatifs in-,mal-,mé-,dé-

接頭辞 in-, mal-, mé-, dé-はラテン語接頭辞 inに由来し，「否定，欠如，～の中に，～の上に，移行，強意」の意.

Recherche d'emploi

Après plusieurs mois de recherche **infructueuse**, Eric a trouvé du travail comme ingénieur informatique, un métier qu'il aime, mais il est **malheureux** : il est **mécontent** de son patron. L'ambiance au bureau est **déplaisante** et le salaire nettement **insuffisant**. Son travail demande de la concentration, mais il est souvent **dérangé** par ses collègues. Il voudrait quitter son travail, mais ses parents **désapprouvent** cette idée. Que faire ? Hier, Eric s'est décidé : il a **démissionné** car pour lui, avoir un bon travail est plus important que tout.

（訳 p.052）

mots-clefs

infructueuse 実りのない, 無益な	←	fructueux (fructueuse) 実りの多い，有益な
malheureux 不幸な	←	heureux (heureuse) 幸せな
mécontent 不満な	←	content(e) 満足している
déplaisante 不愉快な	←	plaisant(e) 愉快な
insuffisante 不十分な	←	suffisant(e) 十分な
déranger 邪魔する	←	ranger 整頓する
désapprouver 反対する	←	approuver 同意する
démissionner 辞職する	←	donner une mission 使命を与える

En plus

フランス語には「否定」の意，あるいは「剥奪」の意の接頭辞が下記のように数多くある．

a-	子音字の前で	**anormal(e)** 異常な
an-	母音字（無音の h）の前で	**analphabète** 文盲の
dé-	子音字の前で	**décourager** 落胆させる **découcher** 外泊する **démissionner** 辞職する，辞任する
dés-	母音字の前で	**désapprouver** 反対する，非難する
il-	l の前で	**illimité(e)** 無制限の
im-	b, m, p の前で	**(une) impasse** 袋小路
ir-	r の前で	**irréel(le)** 非現実的な
in-	他の子音字または母音字の前で	**insatisfait(e)** 不満な
mal-	＋名詞	**(une) malformation** 奇形
mau-	d, p の前で	**maudire** 憎悪する，呪う
mé-	子音字の前で	**se méfier** 信用しない
mes-	s の前で	**messeoir** ふさわしくない（余り用いられない語）
més-	母音字の前で	**(une) mésaventure** 災難
non-	＋名詞・形容詞・分詞	**(un) non-lieu** 免訴　名詞の前では多くの場合ハイフンが付く．

Entraînement

練習問題1 次の1～5の文章がテキストの内容に合致するものには○印を，合致しないものには×印をつけなさい．

(1) Eric a trouvé rapidement son emploi d'ingénieur informatique. (　　)

(2) Il aime bien cette profession. (　　)

(3) Pour faire son travail, il a besoin d'être concentré. (　　)

(4) Il est très satisfait de ses conditions de travail. (　　)

(5) Eric a quitté son travail hier pour chercher un endroit où travailler plus agréablement. (　　)

練習問題2 各々の単語と接頭辞を結び付けなさい．

(1)	a	•	•	social 社会的な
(2)	an	•	•	monter 組み立てる
(3)	dé	•	•	analphabète 読み書きのできる
(4)	dés	•	•	œuvré 働く
(5)	il	•	•	possible 可能な
(6)	im	•	•	honnête 正直な
(7)	in	•	•	légitime 正当な
(8)	mal	•	•	capable できる
(9)	mé	•	•	content 満足な
(10)	non-	•	•	violence 暴力

(解答 p.189)

Traduction

職探し

徒労に終わった数ヶ月の職探しの末に，エリックはコンピュータ・エンジニアとしての職を見つけた．彼の好きな仕事ではあるが不幸である．彼はオーナーに不満を持っている．職場の雰囲気は悪く，給料ははっきり言って不十分である．彼の仕事は集中力を要する．しかし，彼はしばしば同僚から邪魔される．彼は仕事を辞めたいと思っているが，彼の両親は反対している．どうすればいいのだろう？昨日，エリックは決心をした．彼は辞職した．というのは彼にとって楽しい仕事を持つことが何より大事なことだからである．

préfixe bis-, quinque-, sex-, sept-, oct-, no(vem)-, de(ca)-

ラテン語源の数詞による接頭辞.

Les nombres latins !

Les nombres en latin ont servi comme préfixes pour former des mots de la langue française. On l'a oublié, mais certains mois de l'année portent en préfixe leur numéro de rang dans l'ancien calendrier romain, comme **septembre** qui était le 7e , **octobre** le 8e , **novembre** le 9e et **décembre** le 10e mois d'une année qui commençait alors le 1er mars. D'autres mots, encore, sont formés de la même façon : en France, le président de la république est élu pour un **quinquennat** (5 ans). Peut-être mangez-vous des **biscuits** (cuits 2 fois) ou aimez-vous écouter un **sextette** de jazz (6 musiciens)...

(訳 p.056)

mots-clefs

septembre 9月（7番目の月） ← 7 sept-（ラテン語の septem に由来）

octobre 10月（8番目の月） ← 8 oct-（ラテン語の octo に由来）

novembre 11月（9番目の月） ← 9 no(vem)-（ラテン語の novem に由来）

décembre 12月（10番目の月） ← 10 de(ca)-（ラテン語の decem に由来）

(un) **quinquennat** 任期の5年間 ← 5 quinque-（ラテン語の quinque に由来）

(un) **biscuit** ビスケット ← 2 bis-（ラテン語の副詞 bis に由来）

(un) **sextette** セクステット，六重奏団 ← 6 sex-（ラテン語の sex に由来 ）

En plus

フランス語の数の接頭辞はラテン語源とギリシア語源とがある.

1	latin	**uni**	unicolore 単色の
	grec	**mono**	monorail モノレール
2	latin	**bi / duo**	bisexuel 両性具有の
	grec	**di**	dichotomie 二分法
3	latin	**ter**	tercet 3行詩
	grec	**tri**	trilingue トリリンガル（の）
4	latin	**quarter / quadri**	quadricolore 4色の
	grec	**tétra**	tétraplégie 四肢麻痺
5	latin	**quinque**	quintette クインテット
	grec	**penta**	pentagone 五角形；アメリカ国防総省
6	latin	**sex**	sextuplés 六つ子
	grec	**hexa**	hexagone 六角形；フランス本土
7	latin	**sept, septua**	septante 70の
	grec	**hepta**	heptaèdre 7面体
8	latin	**octo**	octopode 8本の足（腕）をもつ
	grec	**octa**	octogénaire 80才の（人）
9	latin	**nona**	nonante 90の
	grec	**ennea**	ennéade 9個一組
10	latin	**de (deci)**	décimètre デシメートル
	grec	**deca**	décade 10日間

Entraînement

練習問題1 次の1～5の文章がテキストの内容に合致するものには○印を，合致しないものには×印をつけなさい．

(1) Tous les noms des mois en français portent un préfixe numéral venu du latin. (　　)

(2) Dans le calendrier latin, l'année commençait en mars. (　　)

(3) Le président, en France, est élu pour cinq ans. (　　)

(4) Un biscuit est un gâteau cuit deux fois. (　　)

(5) 6 musiciens qui jouent ensemble forment un quatuor. (　　)

練習問題2 適切なラテン語源の数の接頭辞をつけて文を完成させなさい．

(1) Le secteur (　) tiaire est le secteur économique des services.

(2) Le carré est un (　) latère.

(3) M. LAMY a 53 ans. C'est un (　) génaire.

(4) Les LEROY viennent d'avoir des (　) tuplés ! Bon courage à eux !

(5) Les lycéens japonais portent souvent un (　) forme.

(6) J'aime beaucoup me promener à (　) cyclette.

(a) uni　(b) bi　(c) ter
(d) quadri　(e) quinqua　(f) sex

(解答 p.189)

Traduction

ラテン語の数詞

ラテン語の数詞はフランス語の単語を作るために，接頭辞として用いられている．そのことは忘れられているが，一年のいくつかの月は古代ローマ暦の順番の番号を接頭辞にとどめている．9月は一年の7番目の月で，10月は8番目の月，11月は9番目の月，12月は10番目の月である．古代ローマ暦では年始は3月1日であった．他の語も同じ方法で作られている．フランスでは共和国大統領は5年の任期で選ばれる．あなたは多分ビスケット（2度焼く）を食べるでしょう，あるいはあなたはジャズのセクステット（6人のグループ演奏）を聞くのが好きでしょう．

Note

Peut-être ... mangez-vous ... : peut-être や aussi が文頭にあると主語と動詞が倒置される．古フランス語では，動詞は文章の 2 番目の位置に置かれる傾向があったので，主語と動詞を倒置して，動詞を 2 番目の位置に置いた名残である．

préfixe multi-, pluri-, poly-

接頭辞 multi- はラテン語 multus，pluri - はラテン語 pluri, poly - はギリシア語の polys に由来し , いずれも「多数」の意.

Des Africains francophones

Beaucoup d'enfants de migrants en France viennent de l'Afrique francophone. La plupart sont **multilingues** car le **plurilinguisme** est partout en Afrique où beaucoup de pays sont **pluriethniques**. Un enfant ou un adulte entend et utilise donc plusieurs langues tout au long de sa vie. Le français est souvent la langue officielle du pays et de l'école, mais ne fait pas partie des langues pratiquées dans la vie quotidienne. Une fois arrivés en France, ces enfants, pourtant **polyglottes**, ont souvent des problèmes scolaires parce que notre système éducatif ne sait pas, notamment, reconnaître leur richesse linguistique et culturelle.

（訳 p.060）

mots-clefs

multilingue 多言語併用者 ← (les) langues
plurilinguisme 多言語使用
pluriethnique 多民族の ← (une) ethnie
polyglotte 数ヶ国語を話す ← (la) glotte 声門

En plus

接頭辞 multi-, pluri-, poly- は，ハイフンを介さずに形容詞や名詞につけることができ，複数の意をもつ接尾辞を伴い複合語を構成する.

① こうして作られた形容詞は関係する名詞の数に一致する.

un dessin **multicolore** (avec plusieurs couleurs)
一つの多色のデッサン

des dessins **multicolores**
いくつかの多色のデッサン

un homme **polygame**
一夫多妻の男

un plan **pluriannuel**
数年にわたる計画

② こうして作られた名詞は他の名詞と同様に，性・数については一般的な規則に順ずる.

Cette société est une grande **multinationale**.
この会社は多国籍企業だ.

Ces sociétés sont des grandes **multinationales**.
これらの会社は多国籍企業だ.

接頭辞 poly- で構成される多くの語は科学的，化学的，技術的な用語である.

un **polygone** 多角形　**polychrome** 多色の

Entraînement

練習問題1 次の1～5の文章がテキストの内容に合致するものには○印を，合致しないものには×印をつけなさい.

(1) Les enfants venus d'Afrique et qui migrent en France sont très souvent multilingues. (　　)

(2) La plupart des Africains sont plurilingues. (　　)

(3) En Afrique francophone, le français est souvent la langue de l'école. (　　)

(4) Ces enfants venus d'Afrique s'intègrent avec facilité dans le système éducatif français. (　　)

(5) L'école, en France, ne sait pas bien reconnaître et profiter du multilinguisme des enfants africains. (　　)

練習問題2 定義されている語を見つけなさい.

(1) Qui se chante à plusieurs voix : (　)

(2) Qui a plusieurs sens : (　)

(3) Qui a plusieurs cellules : (　)

(4) Qui dure plusieurs années : (　)

(5) Qui a plusieurs formes : (　)

(6) Qui utilise plusieurs médias : (　)

(a) polyphonique　(b) pluricellulaire　(c) polysémique
(d) multiforme　(e) pluriannuel　(f) multimédia

（解答 p.190）

Traduction

フランス語圏のアフリカ人

多くの移民労働者の子供がフランス語圏のアフリカからフランスに来ている．彼らの大部分は多言語併用者である．というのは，多くの国が多民族であるアフリカでは，いたるところで多言語併用だからである．それゆえ子供や大人は一生のうちで数ヶ国語を聞いたり，使用したりする．フランス語はしばしば国の公用語で学校の使用言語であるが，日常生活において実際に用いられている言語ではない．数ヶ国語を話すこれらの子供たちがひとたびフランスに着くと，しばしば学校教育の問題を抱える．なぜならフランスの教育システムは特に彼らの言語的，文化的多様性を認めることができないからである．

Note

La plupart：La plupart des enfants de migrants

La plupart sont multilingues car le plurilinguisme est partout en Afrique.：La plupart が主語の場合，動詞は de に続く名詞に一致．動詞は複数．

préfixe re-, ré-

接頭辞 re-, ré-　はラテン語接頭辞 re「再び，また，後方へ」に由来し，「再び，反復，繰り返し」の意である．

Victor SEGALEN

Connaissez-vous Victor SEGALEN ? Probablement non. Officier de marine, il séjourne aux îles Marquises en 1903, où il **recueille** les dernières œuvres de Paul GAUGUIN, mort trois mois auparavant. Le peintre était **revenu** habiter à Tahiti en 1895, après un premier séjour quelques années auparavant, pour **retrouver** le calme et l'inspiration. C'est donc grâce à Victor SEGALEN si l'on peut **revoir** aujourd'hui, dans nos musées, les plus belles œuvres de GAUGUIN qui, sinon, auraient été perdues à jamais !

（訳 p.064）

mots-clefs

recueille (recueillir) 集める　←　cueillir 収穫する
revenu (revenir) 戻る　←　venir 来る
retrouver 再び見い出す　←　trouver 見つける
revoir 再び会う , もう一度見る　←　voir 見る，会う

En plus

母音，無音の h の前では r-, s の前ではときに res-.

re-	子音字の前で	**redire** 繰り返して言う **resaler** [rəsale] 再び塩を加える
ré-	é-, o- の前で	**réélire** 再選する **réorganiser** 組織し直す
r-	母音，無音の h の前で	**récrire** 書き直す
res-	ときに s の前で	**ressortir** 再び外出する

接頭辞 re- は「何かしら戻る行為；反応」の意.

repousser 押し戻す
réagir 反応する
résister（対抗して踏みとどまる→）抵抗する

接頭辞 re- は再び行う，再開する行為を表わす.

refaire やり直す，作り直す
reprendre 再び取る，取り戻す，再開する
réinterroger 再質問する

接頭辞 re- は，行為を続ける「強意，完遂」の意で，造語力は極めて高い.

chanter et **rechanter** 再び歌う；繰り返し賞賛する
goûter et **regoûter** もう一度味わう

Entraînement

練習問題1 次の1～5の文章がテキストの内容に合致するものには○印を，合致しないものには×印をつけなさい．

(1) Victor SEGALEN était un marin. (　　)

(2) Il a bien connu Paul GAUGUIN. (　　)

(3) Il a sauvé plusieurs tableaux de GAUGUIN. (　　)

(4) GAUGUIN aimait beaucoup le calme de Tahiti. (　　)

(5) GAUGUIN a vécu à Tahiti jusqu'en 1903. (　　)

練習問題2 下の語の中から適切な語を選び文を完成させなさい．

(1) Je crois bien que je vais (　) un peu de café.

(2) Il faudrait (　) la grille du jardin. Elle est toute rouillée.

(3) Nous avons été très contents de vous (　).

(4) Le magicien a fait (　) un lapin et une colombe.

(5) Papa est en train de (　) une pizza pour le dîner.

(6) Je n'ai pas pu (　) quand le voisin a crié.

(7) C'est l'hiver. Je vais (　) mes pulls et mes manteaux.

(8) Il faudrait (　) la soupe : elle est trop fade.

(9) Je vais me (　) dans un club de sport. J'ai trop grossi.

(10) Je vais vous (　) jusqu'à la porte du jardin.

(a) réagir　(b) réapparaître　(c) réchauffer　(d) reconduire
(e) réinscrire　(f) repeindre　(g) reprendre　(h) resaler
(i) ressortir　(j) revoir

（解答 p.191）

Traduction

ヴィクトール・セガレン

あなたはヴィクトール・セガレンを知っていますか？　多分，知らないでしょう．彼は海軍将校でマルキーズ諸島に滞在し，1903年に，その3ヶ月前に亡くなったポール・ゴーギャンの晩年の作品を収集した．その画家は静けさとインスピレーションを取り戻すために，1895年，その数年前に初滞在したタヒチに戻り住んだ．それゆえ今日我が国の美術館でゴーギャンの素晴らしい作品を再び見ることができるのはヴィクトール・セガレンのお陰である．そうでなければ，ゴーギャンの作品は永遠に失われていたことだろう．

Note

trois mois auparavant：「その3ヶ月前に」．il y a trois mois は「(現在を起点として）3ヶ月前」 未来あるいは過去を起点としての場合 trois mois avant（=plus tôt）「その3ヶ月前に」

si l'on peut：si は「～ならば」の意ではなく，「～再び見ることができるのは」の意．

sinon, auraient été perdues à jamais：（前文を受けて）そうでなければ，「ゴーギャンの作品は永遠に失われていたことだろう」条件法現在は推測の意を表す．

était revenu : revenir は話者がいる場所に戻るの意．retourner は話者がいない場所に戻るの意．rentrer は生活の本拠とする場所に戻るの意である．

préfixe sous- (sub-)

接頭辞 sous- はラテン語の副詞 subtus「下に」に由来し,「二次的」の意で, 要ハイフン. sub- はラテン語の前置詞 sub「下に」に由来し「下に, 下位など」の意.

Pays riches et pays pauvres

Après la deuxième guerre mondiale, les pays riches ont pris conscience des problèmes de **sous-développement** et de **sous-alimentation** pour une grande partie de l'humanité. Les images d'enfants souffrant de famine ont envahi magazines et télévisions et marqué notre **subconscient** de « consommateur occidental ». De nombreuses actions d'aide humanitaire ont alors été organisées, notamment en faveur de l'Afrique **sub-saharienne**. Pourtant le **sous-sol** y regorge de richesses naturelles : pétrole, métaux précieux, mais qui ne profitent pas aux populations locales. Aujourd'hui, 800 millions de personnes souffrent encore de **sous-nutrition** dans le monde. À quand une juste répartition des ressources que nous offre la planète terre ?

(訳 p.068)

mots-clefs

(le) **sous-développement** 後進性 ← (le) développement 発達, 発展
(la) **sous-alimentation** 栄養不足 ← (l') alimentation 栄養摂取
(le) **subconscient** 潜在意識 ← (la) conscience 意識
sub-saharien(ne) サハラ以南の ← (le) Sahara サハラ砂漠
(le) **sous-sol** 地下 ← (le) sol 地面

En plus

接頭辞 sous-「下の，下位の，二次的」の意

un vêtement 衣服 → un **sous-vêtement** 下着

un comité 委員会 → un **sous-comité** 分科委員会

un directeur 社長，支配人 → un **sous-directeur** 副社長，副支配人

- Le **sous-préfet** de la région Bourgogne vient d'être remplacé.
  ブルゴーニュ地方の副知事は代わったばかりだ.

接頭辞 sous-「程度の低い，十分でない」の意

la littérature 文学 → une **sous-littérature** 低級な文学

payer 支払う → **sous-payer** 安い賃金を払う

- Il ne faut pas **sous-estimer** plus petit que soi !
  自らを過小評価すべきではない.

接頭辞 sous-「ひそかな，内密の」の意

entendre 理解する → **sous-entendre** ほのめかす，暗示する

- Je n'aime guère les **sous-entendus** de Pierre quand il parle.
  ピエールと話す時，私は彼の当てこすりは余り好きではない.

接頭辞 sub-（別形）は次に来る子音との同化という音韻現象によって suc-, suf-, sup- に変化する．この接頭辞は劣っていることを示す，一種の下位区分を喚起する．

conscient 意識のある → **subconscient** 意識下の，潜在意識の

normal 正常な → **subnormal** 標準以下の

céder 譲歩する → **succéder** 後を継ぐ

fixe 固定した → **suffixe** 接尾辞

plēre (plein) 満たす → **suppléer**（不足を）補う

Entraînement

練習問題1 次の1～5の文章がテキストの内容に合致するものには○印を，合致しないものには×印をつけなさい．

(1) Le problème de la sous-nutrition date de la 2e guerre mondiale. (　　)

(2) La télévision a permis de faire connaître le problème de la sous-nutrition dans les pays sous-développés. (　　)

(3) L'Afrique sub-saharienne possède de nombreuses richesses naturelles dans son sous-sol. (　　)

(4) L'Afrique sub-saharienne profite des nombreuses richesses naturelles dans son sous-sol. (　　)

(5) Les ressources naturelles de la planète sont bien réparties entre les pays. (　　)

練習問題2 (1) ～ (8) の定義文に相当する語を (a) ～ (g) の中から見つけなさい．

(1) navire qui navigue sous la surface de la mer : (　)

(2) personne qui reçoit ses ordres du chef : (　)

(3) fait de manquer de nourriture : (　)

(4) humain considéré comme inférieur : (　)

(5) linge que l'on porte à même la peau : (　)

(6) partie d'un bâtiment sous le rez-de-chaussée : (　)

(7) transcription, à l'écran, d'un dialogue au cinéma : (　)

(a) sous-alimentation　(b) sous-chef　(c) sous-homme
(d) sous-marin　(e) sous-sol　(f) sous-titrage
(g) sous-vêtement

（解答 p.191）

Traduction

豊かな国と貧しい国

第二次大戦後，富める国々は大部分の人類にとって低開発と食糧不足の問題があることを自覚した．飢餓に苦しんでいる子供たちの映像は雑誌やテレビにあふれて，我々西側の消費者の潜在意識に強烈な印象を残した．そこで特にサハラ以南のアフリカの国々のために多くの人道援助の活動が組織された．しかしながら，砂漠の地下にはその地域の住民に有効に利用されていない石油，貴金属などの自然資源が満ち溢れているが，今日では世界中で8億人が今なお栄養不足で苦しんでいる．地球が人類に提供している資源の公平な分割はいつになるのだろうか？

Note

pays pauvres : 形容詞は名詞の前に置かれるか，後ろに置かれるかによって意味が異なる．後に置かれた場合，その形容詞の持つ本来の意，pays pauvres「貧しい国」，des pays pauvres en ressources「資源に恵まれない国々」，前に置かれた場合，de pauvres pays「哀れな国々」．

préfixe super-

接頭辞 super- はラテン語の副詞，前置詞 super「上に，それ以上に」に由来し，「超，高度，すごい，抜群」の意．

Les courses en province

En France, le vendredi soir ou le samedi matin, c'est le moment des courses à la **supérette** ou au **supermarché** du centre commercial le plus proche. On fait ses achats en famille, on déjeune ou on dîne à la cafétéria, on fait le plein de la voiture avec du **supercarburant** car c'est moins cher qu'ailleurs et on rentre à la maison. Le dimanche, tous les magasins sont fermés. On reste à la maison, on va chez des amis, on sort, on va voir la dernière **superproduction** au cinéma ! Les grandes sociétés voudraient bien changer cela : ouvrir le dimanche pour gagner encore plus d'argent, faire des **superprofits**. Mais les Français aimeront-ils vraiment faire du shopping ce jour-là ?

（訳 p.072）

mots-clefs

(une) **supérette** コンビニエンスストア
(un) **supermarché** スーパーマーケット ← (le) marché 市場
(un) **supercarburant** ハイオク ← (un) carburant ガソリン
(une) **superproduction** 超大作 ← (une) production 作品
(un) **superprofit** 過剰利益 ← (un) profit 利益

En plus

super-：「超，高度，上位」の意.

① **super** ＋名詞
un tank タンク，貯蔵槽 → un **supertanker** 巨大タンカー
un ordinateur コンピュータ → un **super-ordinateur** スーパーコンピュータ
une star スター → une **superstar** スーパースター
② **super** ＋形容詞
sonique 音速の → un avion **supersonique** 超音速の飛行機
sympa 感じのいい → une fille **supersympa** すごく感じのいい娘
doué 天分がある → un pianiste **super-doué** 並外れた才能に恵まれたピアニスト
③ **super** ＋動詞：「〜の上に」の意
poser 置く → **superposer** 重ね合わせる
viser 狙う → **superviser** 監督する

super- のさらに上の hyper- は ギリシア語副詞・前置詞「〜の上に, 〜を越えて」に由来し,「超過する, 過度の, 最高度の」の意.

① **hyper** ＋名詞
(la) tension 緊張 → l'**hypertension** 高血圧
② **hyper** ＋形容詞
sensible 感覚（知覚）能力を備えた → **hypersensible** 過敏な

同じく ultra- はラテン語の副詞，前置詞「はるか彼方に」に由来し,「超過する, 過度の, 高度の」の意で, 大きな造語力を持つ.

① **ultra** ＋名詞
(un) son 音 → un **ultrason** 超音波
② **ultra** ＋形容詞
moderne 近代の → **ultramoderne** 超近代的な

Entraînement

練習問題1 次の1〜5の文章がテキストの内容に合致するものには○印を，合致しないものには×印をつけなさい．

(1) En général, les Français font leurs courses en fin de semaine. (　　)

(2) Ils font leurs courses dans les petits magasins de leur quartier. (　　)

(3) Le dimanche, les supermarchés sont fermés en France. (　　)

(4) Le dimanche est consacré aux sorties, à la famille. (　　)

(5) Il n'est pas certain que les Français veuillent faire du shopping le dimanche. (　　)

練習問題2 下の語の中から適切な語を選び，文を完成させなさい．

(1) Depuis que je fais du sport, je suis en (　).

(2) Ce skieur est vraiment bon dans les épreuves de (　).

(3) Ce boxeur est champion dans la catégorie (　).

(4) Mon héros favori, c'est (　) !

(5) Ma voiture ne roule pas au (　) mais à l'essence ordinaire.

(6) Cette jeune fille est (　). Il faut faire attention quand on lui parle.

(7) J'aime beaucoup ce tableau (　). On dirait une photo !

(8) La salle d'opération de notre hôpital doit être (　), dit le chirurigen.

(a) super　(b) superforme　(c) super-léger　(d) hyperréaliste
(e) super-G　(f) Superman　(g) hypersensible　(h) ultrapropre

（解答 p.192）

Traduction

田舎での買い物

　フランスでは，金曜日の夜，あるいは土曜日の朝はコンビニエンスストアあるいは最も近いショッピングセンターのスーパーマーケットで買い物をする時である．家族で買い物をしたり，カフェテリアで昼食を取ったり，夕食を取ったり，車をハイオクガソリンで満タンにしたりする．というのはよそより安いからだ．そして帰宅する．日曜日には，すべての店は閉まっている．家にいたり，友人の家に行ったり，遊びに行ったり，最新の超大作を見に映画館に行ったりする．大会社はこうしたことを変えたがっているのであろう．もっとお金を稼いで，過剰利潤を上げるために日曜日に開店したいのだ．しかし，フランス人は本当に日曜日にショッピングをしたいと思っているのであろうか？

préfixe **télé-**

接頭辞 télé- はギリシア語 télé「離れて」に由来し，特に télévision（テレビ）に結びつく技術的な進歩以来，多くのフランス語の語彙を作るのに用いられている．

La toile

La « toile », le nom français pour Internet, a changé les habitudes des Français. Ils regardent un peu moins longtemps la **télévision** et passent plus de temps avec leur **téléphone** portable pour **télécharger** leurs morceaux de musique préférés. Le **télécopieur** est devenu un appareil inutilisé : chacun préfère envoyer des courriels. Des familles installent des systèmes de **télésurveillance**, par webcam, pour veiller à la sécurité de leurs enfants restés seuls à la maison. La « toile » est devenue centrale dans la vie de beaucoup de personnes.

（訳 p.076）

mots-clefs

(la) **télévision** テレビ	←	téléviser テレビで放映する
(le) **téléphone** 電話	←	téléphoner 電話をする
télécharger ダウンロードする	←	(un) téléchargement ダウンロード
(le) **télécopieur** ファックス	←	copier 模写する，複製する
(la) **télésurveillance** 遠隔監視	←	surveiller 見守る，監視する

En plus

télé- の最初の意味は「遠い，距離をおいて」の意であった.

un affichage 掲示 → un **téléaffichage** 電光掲示板
une alarme 警報 → une **téléalarme**（警報センター直結の)非常警報
une commande 操縦, 操作 → une **télécommande** リモコン装置
une conférence 会議 → une **téléconférence** テレビ電話会議
une **télécabine** ロープウェーのゴンドラ
un **téléphérique** ロープウェー

un **télescope** 望遠鏡（フランス語では，古い語には2番目の e の上にアクセントをつけない）
le mot **téléachat** テレビショッピング（ハイフンを介するのもある：**télé-achat**）

今日ではテレビの領域を意味する接頭辞 télé- が多くの語で用いられる.

un **téléfilm** テレビドラマ（テレビ用に作られる映画）
le **téléthon** テレソン（寄付を呼びかけるための長時間テレビ番組）
une **télédiffusion** テレビ放送（テレビ番組の放送）
un **télévangéliste** テレビ祈祷師（テレビ番組で祈祷する神父）
un **téléspectateur** テレビ視聴者（テレビを見る人）

Entraînement

練習問題1 次の1～5の文章がテキストの内容に合致するものには○印を，合致しないものには×印をつけなさい．

(1) Le nom français de « Internet », c'est « la toile ». (　　)

(2) Avec l'arrivée d'Internet, les Français regardent moins la télé. (　　)

(3) Envoyer une télécopie est passé de mode. (　　)

(4) Certaines famille surveillent leurs enfants par webcam. (　　)

(5) Internet occupe une place de plus en plus importante dans la vie des Français. (　　)

練習問題2 下の語の中から適切な語を選び，文を完成させなさい．

(1) Maintenant, on n'envoie plus de (　), on écrit un courriel ! C'est aussi rapide et beaucoup moins cher.

(2) J'aime beaucoup cette photo de chevaux, prise au (　).

(3) Sur l'autoroute, j'utilise le (　). C'est plus pratique : pas besoin de s'arrêter pour payer !

(4) Ma sœur adore les émissions de (　). Elle achète souvent les produits qu'elle a vus.

(5) Papa ne peut pas te répondre maintenant. Il est au (　).

(a) télégramme　(b) téléphone　(c) téléobjectif　(d) télépéage
(e) téléachat

（解答 p.193）

Traduction

“ウェブ”

インターネットを意味する単語 toile〈ウェブ〉はフランス人の習慣を変えた．彼らは以前ほど長くテレビを見なくなっている．そして自分たちの好きな音楽の曲をダウンロードするために携帯電話を持ってより多くの時間を過ごしている．ファックスは使われない機械となった．各々がメールを送る方を好む．いくつかの家族では家で一人で留守番をしている子供たちの安全を見守るためにウェブカムによる遠隔監視システムを備えている．ネットは多くの人々の生活において中心的な役割を果たすものとなった．

Note

beaucoup de personnes : personne は普通名詞なので複数形，一方，beaucoup de monde の monde は集合名詞なので単数形である．personne はラテン語の persona に由来している．外交用語の persona non grata は「好ましからざる人物」の意である．

préfixe trans-

接頭辞 trans-, tres-, tré-はいずれもラテン語の前置詞 trans「越えて，通って」に由来し，「越えて，横切って，（別の場所，状態への）移動など」の意.

Tokyo-Paris

Le premier vol aérien commercial entre Tokyo et Paris a eu lieu le 4 décembre 1952. Le voyage a duré 41 heures dont 37 dans les airs. Pour voyager de France au Japon, à cette époque, il y avait plusieurs solutions : on pouvait prendre des paquebots **transocéaniques** qui **transportaient** marchandises et passagers, mais il fallait plusieurs semaines de voyage. On pouvait aussi utiliser le train **transsibérien**, pour un voyage de plus de 8 jours. Aujourd'hui, avec un seul **transfert** à l'aéroport de Roissy Charles de Gaulle, vous pouvez atteindre en avion tous les grandes villes de France en une quinzaine d'heures. Alors bon voyage !

（訳 p.080）

mots-clefs

transocéanique 大西洋横断の	←	l'océan 大西洋
transporter 運ぶ	←	porter
transsibérien シベリア横断の	←	la Sibérie シベリア
(un) **transfert** 移転，移動	←	transférer 移す

En plus

trans- は「～を越えて」（別の場所，状態への）移行，移動」の意であることが多い.

transpirer (la sueur passe à travers les pores de la peau)
汗をかく（汗は皮膚の毛穴を通って流れる）
transmettre (d'une personne à une autre personne)
伝わる（ある人から他の人に移る）
transporter (entre deux endroits)　運ぶ（二つの場所間で）
transiter (dans un aéroport)
トランジット客として通過する（空港で）

地理では，trans は「一方の側から向こう側へ横切る」の意.

le trafic ferroviaire **transmanche** 英仏海峡横断鉄道
le tunnel **transalpin** アルプス山脈の向こう側のトンネル
▶ outre は横断の概念のない「向こう側に」の意.
les territoires d'outre-mer 海外領土

現代フランス語では au-delà が「超えて，その向こう側に」の意.

un groupe de travail **transdisciplinaire**
学際的な作業グループ（考えや知識を交換して共同で作り出す人々）
▶ un groupe de travail pluridisciplinaire 学際的な作業グループ（一緒に作業する異なる分野から出来た人々）

最も重要な意味は一部ではなく全体的な変化を喚起することである.

une **transformation** 変化，変質，変革
transfigurer 移送する，移転する
un **transsexuel** 性転換をした人

Entraînement

練習問題1 次の1～5の文章がテキストの内容に合致するものには○印を，合致しないものには×印をつけなさい．

(1) Le premier vol entre la France et le Japon date de 1952. (　　)

(2) En 1952, il fallait plus d'une journée pour aller de Paris à Tokyo en avion. (　　)

(3) À cette époque, on pouvait voyager entre les deux pays en bateau. (　　)

(4) Le train transsibérien date de 1952. (　　)

(5) Il y a des vols directs entre le Japon et les grandes villes françaises. (　　)

練習問題2 下記の語の中から適切な語を選び，文を完成させなさい．

(1) Le sentier (　　) aura une longueur de 24000 km quand il sera terminé. Il reliera les côtes est et ouest du pays.

(2) Le trafic ferroviaire (　　) passe par le tunnel sous la Manche depuis 1994.

(3) Chaque jour, il y a de nombreux vols (　　) entre l'Europe et les États-unis.

(4) Pour aller de Tokyo à Lyon, il faut (　　) à Roissy CDG.

(5) La chenille va se (　　) en papillon.

(6) Je voudrais (　　) mes courriels sur une nouvelle adresse.

(a) transformer　(b) transiter　(c) transatlantique(s)
(d) transférer　(e) transmanche　(f) transcanadien(s)

（解答 p.193）

Traduction

東京―パリ

東京―パリ間の最初の営業飛行が行われたのは1952年12月４日のことであった．所要時間は41時間で，そのうち飛行時間は37時間であった．この時代にはフランスから日本に旅行するのにはいくつかの方法があった．商品と乗客を運ぶ大西洋横断の大型客船に乗ることができたが数週間要していた．またシベリア横断の列車を利用することもでき，８日間以上要していた．今日ではシャルル・ド・ゴール空港でのたった一回のトランジットで約15時間でフランスのすべての大都市に着くことが出来る．では楽しい旅行を！

Note

avoir lieu：「行われる」

Pour aller plus loin !

接頭辞 aéro-：ギリシア語 aéros「空気」に由来し，「空気，気体，航空」の意.

port 港 → un **aéroport** 空港
le sol ゾル → un **aérosol** スプレー
l'**aérobic** エアロビクス

- Luc prend des cours dans un **aéroclub** pour devenir pilote.
  リュックはパイロットになるためにパイロット養成センターで授業を受けている.

接頭辞 auto-：ギリシア語 autós「自分自身」に由来し，「自分で，自力で，自動で」の意

mobile「動くもの」の意 → une **automobile** 自動車
didacte「教える」の意 → un(e) **autodidacte** 独学者
autómatos（ギリシア語） → un **automate** 自動機械

- J'apprends à conduire dans une **auto-école**.
  私は自動車教習所で運転を習っている.
- Ma fille fait des progrès. Elle est devenue très **autonome**.
  私の娘は成長している．彼女はしっかりと自立した.
- Attention à la fermeture **automatique** des portes !
  自動ドアの開閉に注意しなさい！

接頭辞 démo-：ギリシア語 démos「民衆，国」に由来し，「民衆，人口」の意.

la **démographie** 人口統計
une **démocratie** 民主主義　**démocratiser** ～を民主化する

- Le président français est **démocratiquement** élu.
  フランス大統領は民主的に選出された.

接頭辞 ethn(o)-：ギリシア語 êthos「習性，性格」に由来し，「習性，行動」の意．

un **ethnologue** 民俗学研究者
ethnocentriste 自民族中心主義者

- Les Cajuns sont un groupe **ethnique** francophone en Louisiane.
  ケイジァンはルイジアナのフランス語系の民族グループである．

接頭辞 ex-：ラテン語接頭辞 ex-「内から外に」に由来し，「内から外へ，離脱，前，元，旧」の意．

un **ex-ministre** 前大臣
excommunier 破門する（commun「大多数，一般」の意）
exporter 輸出する

- On dit que Nicole revoit son **ex-mari**, mais je ne sais pas si c'est vrai.
  ニコルは前夫と会っているらしいが，私はそれが本当であるかどうかは知らない．

接頭辞 idéo-：ギリシア語 idéā に由来し，「概念，思想」の意．

une **idéologie** イデオロギー，観念形態
un **idéogramme** 表意文字

接尾辞 -logie はギリシア語 logia「言葉」に由来し，「学，論，関係」の意．（cf.149）
接尾辞 -gramme はギリシア語 grámma「文字」に由来し，「文字，図表，グラフ」の意．

▶ J'aimerais bien vivre dans un monde **idéal** !
私は理想的な世界で生活したい！

接頭辞 mél(o)-：ギリシア語 mélos「四肢，楽句の一節」に由来し，「歌，音楽」の意.

une **mélodie** メロディー，旋律
un **mélomane** 音楽好きの，音楽狂いの

接尾辞 -mane はギリシア語 manēs「狂っている」に由来し，「熱狂，心酔，精神疾患，中毒」の意.

- J'aime le chant **mélodieux** des oiseaux, dans la forêt.
  私は森の中での鳥類の豊かな旋律の鳴き声が好きです.

接頭辞 orth(o)-：ギリシア語 orthós「まっすぐな，正しい」に由来し，「真の，正しい，まっすぐの」の意.

l'**orthographie** 正書法　l'**orthopédie** 整形外科

接尾辞はギリシア語 gráphein「書く」に由来し，「書くこと，書かれたもの」の意.
接尾辞 -pédie はギリシア語 paideía「（子供の）教育」に由来し，「教育，矯正」の意.

- Ce petit enfant a besoin de consulter un(e) **orthophoniste**.
  この子供は発音矯正士の診察を受ける必要がある.

接頭辞 par(a)-：イタリア語の動詞 parare「守る，防御する」から，接頭辞 para に由来し，「〜を防ぐもの，保護するもの」の意.

un **parasol** 日傘（soleil 太陽を防ぐもの）

合成語要素 para- はギリシア語前置詞 pará「〜の近くに，〜を越えて」に由来し，「類似した，準ずる，疑似的な」の意.

les jeux **paralympiques** パラリンピック

• N'oublie pas ton **parapluie** ! La météo n'est pas bonne.
雨傘を忘れないで！　天気が良くないから.

• Pour comprendre ce livre, n'oublie pas de lire le **paratexte** !
このテクストを理解するには題名，献辞，注などのパラテクストを読むのを忘れるな！

接頭辞 phil(o)-：ギリシア語 phílos「友」に由来し，「～を愛する，好む」の意.

la **philatélie** 切手収集　**philanthrope** 慈善家の

接尾辞 -atélie はギリシア語 atéleia「無料」に由来.
接尾辞 -anthrope はギリシア語 anthrōpos「人間」に由来.

• J'ai planté un **philodendron** dans mon jardin. Il est magnifique.
私は庭にフィロデンドロンを植えた．それは素晴らしい.

接頭辞 psych(o)-：ギリシア語接頭辞 psykhē「魂，息吹」に由来.

un(e) **psychologue** 心理学者　un(e) **psychiatre** 精神科医

• Il paraît que Nadia va voir un **psy** 2 fois par semaine ! Tu sais pourquoi ?
ナディアは週に2回精神科医に会いに行っているようだ．君はその理由を知っている？

接頭辞 rétro-：ラテン語接頭辞 retrō「後へ」に由来し，「後方へ逆に，遡って」の意.

un **rétroviseur** バックミラー
la mode **rétro** 復古調のファッション

- Pour ma présentation, je dois utiliser un **rétroprojecteur**.
  私のプレゼンテーションにはオーバーヘッドプロジェクターを使わなければならない.

接頭辞 soci(o)-：ラテン語 societās「仲間」に由来し,「社会」の意.

la **société** 社会（-té は女性名詞語尾「性質」の意）
la **sociologie** 社会学（-logie「学，論」の意）

- Dans cette banlieue de Paris, les équipements **socioculturels** sont insuffisants.
  パリのこの郊外では，社会文化設備が不十分である.

接頭辞 syl-（l の前），sym-（b, p の前），syn-：ギリシア語の副詞・前置詞 sýn「一緒に」からギリシア語接頭辞に由来し,「共に，同時に」の意.

une **syllabe** 音節（ギリシア語の syn+lambánein「取る」→ syllambánein「寄せ集める」→ syllabē「音節」→ラテン語 syllaba）
la **sympathie** 共感（pathie「感じること」の意）
une **synthèse** 総合，集大成（thèse「命題，主張」の意）

- J'adore toutes les **symphonies** de Beethoven, surtout la 9e.
  私はベートーベンの交響曲，特に第九が大好きです.

接頭辞 techn(o)-：ギリシア語 tékhnē「技」に由来し,「技術」の意.

un(e) **technicien(ne)** 技術者
la **technologie** 工学，テクノロジー

- Le Japon, **technologiquement**, reste un pays en avance.
  日本は相変わらず技術的には進んでいる国である.

接頭辞 béné-, bien-：ラテン語副詞 bene「良く」に由来し，「良く，幸いに」に意.

une **bénédiction**（神の）加護（diction「話し方」）
un **bénéfice** 利益（-fice はラテン語 facere「行う」の意から.）
bénévole 無償の（volō はラテン語の動詞 velle「欲する」の直説法現在 1 人称単数形）
bienfaisant 有益な（bien + faisant（faire の現在分詞））

接頭辞 extra-：ラテン語接頭辞 extra に由来し，「外の，外へ，～を越えて」の意.

terrestre 地球の → **extraterrestre** 地球外の
ordinaire 普通の → **extraordinaire** 並外れた

接頭辞 ob-（c-, f-, p- の前では，それぞれ oc-, of-, op-）：ラテン語接頭辞 ob「～に対して」に由来し，「対面，対向，対応，対立，対抗」の意.

(un) **objet** 物体（jeter「投げる」面前に投げられたもの）
offrir 提供する（ラテン語 ferre「運ぶ」面前に運ぶ）
opposer 反対する（poser「置く」対立して置く）

接頭辞 per-, par-：ラテン語前置詞 par「～を通って，～を通じて」に由来し，「～を通して，～の間に，ずっと，完全に，過度」の意.

manent（ラテン語 manēre「とどまる」）
→ **permanent** 恒久的な，ずっととどまる
mettre 置く → **permettre** 許容する，ずっと置く
achever 完成する → **parachever** 完遂する
fait < faire → **parfait** 完全な

接頭辞 pré-, pres-：ラテン語副詞，前置詞 prae「先に，前に」に由来し，「前，先」の意.

tendre 張る　→　**prétendre** 主張する
vision 見ること　→　**prévision** 予測
sentir 感じる　→　**pressentir** 予感する

接頭辞 pro-, pour-：ラテン語接頭辞 prō「～の前に，～のために」に由来し，「前に，～に賛成する，～の代わりとなる，完全に，徹底的に」の意.

gramme（合成語要素「文字」）→　un **programme** 計画
suivre 同行する　→　**poursuivre** 追跡する
communiste 共産主義者　→　**procommuniste** 共産主義を支持する
nom 名詞→　**pronom** 代名詞（名詞の代わりとなるもの）

接頭辞 arché(o)-, arch(i)-：ギリシア語 arkhaios「本来の，根本の」に由来し，「太古，原始」の意.

(l') **archéologie** 考古学（-logie は「学，論」の意）

接頭辞 mét(a)-：ギリシア語副詞・前置詞 méta「間に，ともに，あとに」に由来し，「後続，中間，転移，超越」の意.

(une) **métamorphose** 変貌，変身（-morphe「形，形態」の意）
métonyme 換喩（合成語要素 -onyme「語」の意）
métamathématique 超数学

接頭辞 syn-（b-, m-, p- の前では sym-）：ギリシア語の副詞・前置詞 sýn「一緒に」に由来し，「共に，同時に」の意.

(la) **synchronie** 共時態（合成語要素 chron(o)「時，時間」の意）
(la) **sympathie** 共感（合成語要素 pathie「感じること」の意）

suffixe -able

接尾辞 –able はラテン語形容詞語尾 abilis に由来し，動詞の語幹につき「～できる，～しやすい」の意.

Gastronomie

Hier soir, je suis sorti avec ma femme pour fêter nos 20 ans de mariage. Nous sommes allés dans un restaurant chic du 13e arrondissement. C'était un mauvais choix : la viande était **immangeable**, le vin à peine **buvable**. Je l'ai signalé au serveur, qui a appelé le maître d'hôtel. Celui-ci n'était vraiment pas **aimable**. J'ai alors demandé à parler au patron : je lui ai dit que j'attendais un service **irréprochable** et un repas **inoubliable**. Son attitude n'étant pas **tolérable**, ma femme et moi, nous sommes partis. Comme tous les restaurants étaient fermés parce qu'il était très tard, nous avons fini la soirée... au MacDo le plus proche.

(訳 p.092)

mots-clefs

immangeable 食べられない ← manger 食べる
buvable 飲める ← boire 飲む
aimable 親切な，愛想のいい ← aimer 愛する
irréprochable 非の打ちどころのない ← reprocher 非難する
inoubliable 忘れられない ← oublier 忘れる
tolérable 我慢できる，許容できる ← tolérer 黙認する

En plus

接尾辞 -able は一般に他動詞に付けられ，「~される」のように受動的な可能性を表わす.

qui peut être aimé → **aimable** 愛される
qui peut être souhaité → **souhaitable** 望ましい
qui peut être ouvert → **ouvrable** 開店できる
qui peut être mangé → **mangeable** 食べられる

接尾辞 -able は時として移動の意の自動詞につけられ，受動的な可能性を表わす.

où l'on peut skier → une piste **skiable** スキーのゲレンデ
où l'on peut naviguer → une voie **navigable** 航行可能な道
auquel on peut remédier → un défaut **rémédiable** 改善できる欠点
dont on peut profiter → un travail **profitable** 有益な仕事

接尾辞 -able は稀に名詞につけられるが，意味は同じである.

(la) charité 思いやり → **charitable** 思いやりのある
(un) cycle 自転車 → **cyclable** 自転車用
(une) corvée 嫌な仕事 → **corvéable** 賦役を課せられた
(le) confort 快適さ → **confortable** 快適な

接尾辞 -ible，-uble は -able と同様の意を表す.

(la) paix 平和 → **paisible** 静かな
(une) solution 解決；溶解 → **soluble** 解決可能な；可溶性の

Entraînement

練習問題1　次の1～5の文章がテキストの内容に合致するものには○印を，合致しないものには×印をつけなさい．

(1) Aujourd'hui, cet homme fête ses vingt ans. (　　)

(2) Il a invité son épouse dans un restaurant. (　　)

(3) Le personnel du restaurant n'était pas sympathique. (　　)

(4) Le repas et la boisson étaient de mauvaise qualité. (　　)

(5) Ce couple a fini la soirée dans un restaurant de restauration rapide. (　　)

練習問題2　下の語の中から適切な語を選び，文を完成させなさい．

(1) une personne peu (　　)

(2) une soirée reposante et (　　)

(3) un voyage en avion peu (　　)

(4) un panneau d'information peu (　　)

(5) un champignon (　　)

(6) un terrain (　　) en centre-ville

(7) une situation (　　)

(8) un téléphone (　　)

(9) un médicament (　　) dans l'eau

(10) un accident (　　)

(a) aimable　(b) comestible　(c) confortable　(d) constructible
(e) enviable　(f) horrible　(g) lisible　(h) paisible
(i) portable　(j) soluble

（解答 p.194）

Traduction

食道楽

昨晩，私は結婚20周年を祝うために妻と一緒に出かけた．13区のシックなレストランに行った．それは間違った選択だった．肉はまずくて，ワインはほとんど飲めたものではなかった．私はそのことをボーイに指摘した．するとボーイは給仕長を呼んだ．その給仕長は本当に感じが良くなかった．私は経営者と話をしたいと申し入れた．私は非の打ちどころのないサービスと素晴らしい料理を期待していたと言った．彼の態度は我慢できるものではなかったので私の妻と私は店を出た．あまりに夜も遅かったのですべてのレストランは閉まっていた．私たちは最も近いマクドナルドでその夜を終えた．

Note

語尾が e 以外で終わる形容詞で，chic と同様に男女同形の形容詞は次の通りである：angora, grenat, kaki, rococo, snob, standard, tabou, vermillon

suffixe -age

接尾辞 -age はラテン語男性名詞語尾 aticus に由来し，「行為，行為の結果，状態，性質，集合，製品，完成物」の意.

Low cost

Voyager en avion, en Europe, est désormais bon marché. Avec les compagnies aériennes à bas prix, un billet entre deux villes d'Europe coûte parfois moins cher que le train ou le bus. Mais attention ! Le **décollage** et l'**atterrissage** se font souvent dans de petits aéroports éloignés des grandes villes, les **équipages** assurent un service minimum et le **nettoyage** des avions est loin d'être parfait. La sécurité semble assurée, mais il faut choisir sa compagnie avec soin. Bon voyage quand même !

（訳 p.096）

mots-clefs

(un) **décollage**	離陸	←	décoller 離陸する
(un) **atterrissage**	着陸	←	atterrir 着陸する
(un) **équipage**	乗組員, クルー	←	équiper 装備する
(un) **nettoyage**	掃除, クリーニング	←	nettoyer きれいにする

En plus

接尾辞 -age は男性名詞の語尾で，動詞の語幹について「行為，行為の結果，過程」の意．

bavarder おしゃべりをする → (le) **bavardage** おしゃべり
raser ひげをそる → (le) **rasage** (ひげなどを)そること
arroser 水をかける → (l') **arrosage** 水撒き
chauffer 暖める → (le) **chauffage** 暖房装置
se marier 結婚する → (le) **mariage** 結婚
monter 登る，昇る，組み立てる → (le) **montage** 組み立て，編集

- Luc BESSON vient de finir le **montage** de son dernier film.
  リュック・ベッソンは自身の最新作の編集を終えたばかりだ．

接尾辞 -age は，名詞，形容詞について「状態，性質」の意．

esclave 奴隷 → (l') **esclavage** 奴隷の身分
veuf 配偶者をなくした → (le) **veuvage** やもめ暮らし

接尾辞 -age は名詞について，「集合，製品，生成物」の意．

(un) outil 道具 → (un) **outillage** 工具一式
(de la) laine 羊毛 → (du) **lainage** 羊毛製品
(le) lait 牛乳 → (un) **laitage** 乳製品
(une) plume 羽，ペン → (le) **plumage** 鳥の羽，羽毛

- Le **plumage** de cet oiseau est vraiment magnifique.
  この鳥の羽は本当に素晴らしい．

接尾辞 -age で終わる語は原則男性名詞であるが，image のように女性名詞である語も存在する．ouvrage は女性名詞として belle ouvrage「見事な出来栄え」という意味がある．

Entraînement

練習問題1 次の1～5の文章がテキストの内容に合致するものには○印を，合致しないものには×印をつけなさい．

(1) Les compagnies « low cost » n'offrent aucune sécurité. (　　)

(2) Ces compagnies aériennes desservent souvent des aéroports éloignés des grandes villes. (　　)

(3) Leur service est comparable à celui des compagnies normales. (　　)

(4) Leurs prix sont parfois meilleur marché que le train. (　　)

(5) Les avions de ces compagnies sont toujours propres. (　　)

練習問題2 下記のリストの中から接尾辞 -age で終わっていない語を4つ探しなさい．

1. plage	2. bronzage	3. tournage	4. garage	5. chômage
6. rage	7. pliage	8. cage	9. page	10. langage

練習問題3 練習問題2で提示した単語を使って，次の文を完成させなさい．

(1) Ma voiture pollue. Je dois aller faire un réglage au (　　).

(2) L'été, j'aime faire du (　　) sur la plage.

(3) Une fois le (　　) du film terminé, c'est le moment du montage.

(4) Avant, Pierre travaillait. Maintenant, il est au (　　).

(5) Les Japonais sont très forts dans l'art du (　　).

(6) Le (　　) est un moyen de communication.

（解答 p.194）

Traduction

低価格

今後，ヨーロッパに飛行機で旅行するのは安上がりである．低価格の航空会社を選べば，ヨーロッパの二つの都市間のチケットは列車やバスよりも安価である．しかし，注意してください．離着陸はしばしば大都市から遠い小さな空港で行われる．乗員のサービスは最小限だし，機内の清掃は完全とはほど遠い．安全は保証されているようだが，注意して会社を選ばなければならない．いずれにしても楽しい旅行を！

Note

最近では LCC の飛行機はロワッシー（シャルル・ド・ゴール空港）からも発着している．

suffixe -aine

接尾辞 -aine はラテン語配分数詞語尾 -eni に由来し，数詞につき，「～個のまとまり」を表し，「約」の意．男性形 -ain もあるが，日常語ではあまり用いられず，詩の分野で用いられる．

4 : un quatrain　4 行詩
6 : un sizain, un sixain　6 行詩（3 種類の押韻によって構成される）

Des Américains francophones

Je suis parti, il y a une **dizaine** de jours, pour visiter la Louisiane, aux États-Unis. Notre groupe est composé d'une **douzaine** de personnes qui aiment la culture « cajun ». Hier, nous sommes allés dans les bayous pour pêcher des écrevisses et puis nous avons visité une plantation de coton, une vieille maison en bois datant de plus d'une **centaine** d'années. L'atmosphère y était très mystérieuse. On y entendait encore les chants des esclaves noirs qui l'avaient habitée. Nous rentrerons dans une **quinzaine** de jours en France, heureux d'avoir parlé avec les Cajuns, nos « cousins » francophones d'Amérique, un français bien différent du nôtre. （訳 p.100）

mots-clefs

(une) **dizaine** 約10の　←　dix
(une) **douzaine** 約12の　←　douze
(une) **centaine** 約100の　←　cent
(une) **quinzaine** 約15の　←　quinze

En plus

接尾辞 -ain, -aine は多く存在するものを概数あるいは正確にその全体を表わすのに名詞につける. 女性形は今もかなり用いられる.

① 概数の意で

une ..... de minutes　約～分（一般的に 10, 15, 20, 30, 40, 50, 60）

- Je reviens dans une **dizaine** de minutes.
  私は約10分後に戻ってくる.

une ..... de jours　約～日（一般的に 10, 12, 15, 20）

- Nous partons en vacances une **quinzaine** de jours.
  私たちは約 2 週間バカンスに出かける.

une ..... d'années, de fois, de personnes, d'euros 約～年（～回，～人，～ユーロ）（一般的に 10, 12, 15, 20, 30, 40, 50, 60, 100）

- Ce monument a plusieurs **centaines** d'années.
  この記念碑は数百年経っている.

avoir la ...　～歳台（一般的に 30, 40, 50, 60）

- Monsieur LAMY ? Il a la **soixantaine**, je pense !
  ラミ氏ですか？　彼は60歳台だと思います.

② 正確な意で

une ..... d'œufs　卵を～個（6 あるいは 12）

- Je voudrais une **demi-douzaine** d'œufs, s'il vous plaît !
  卵を 6 個欲しいのですが.

Entraînement

練習問題1 次の1～5の文章がテキストの内容に合致するものには○印を，合致しないものには×印をつけなさい．

(1) Le peuple cajun est un peuple francophone. ( )

(2) Ces touristes veulent tous découvrir la culture du peuple cajun. ( )

(3) La vieille maison qu'ils ont visitée date de 1945. ( )

(4) Ce voyage dure, au total, moins de deux semaines. ( )

(5) Le français des Cajuns et celui parlé en France se ressemblent beaucoup. ( )

練習問題2 下の語の中から適切な語を選び，文を完成させなさい．

(1) Cet hôtel a une soixantaine de ( ), je crois.

(2) Dans ma classe, il y a une vingtaine d' ( ).

(3) En France, on vend les ( ) par 6 ou à la douzaine.

(4) Ce voyage à Bali nous a coûté plusieurs centaines d' ( ).

(5) Le film va commencer dans une trentaine de ( ).

(6) Pour mon anniversaire, nous étions une quarantaine de ( ).

(7) Notre maison a une cinquantaine d' ( ).

(8) Tu m'as déjà raconté cette histoire une dizaine de ( ) !

(a) années	(c) euros	(e) fois	(g) œufs
(b) personnes	(d) minutes	(f) chambres	(h) étudiants

（解答 p.195）

Traduction

フランス語圏のアメリカ人

約10日前に私はアメリカ合衆国のルイジアナ州を訪れるために出発した．私たちのグループは「ルイジアナ」の文化が好きな約12人で構成されている．昨日，私たちはザリガニを採るために川に行った．それから綿農園と約100年以上前に建てられた古い木造の家を訪れた．そこの雰囲気はとても神秘的なものであった．その家に住んでいた黒人の奴隷の歌が今も聞こえてくるかのようだった．私たちは約2週間後にフランスに戻るだろう．私たちの遠縁にあたるアメリカのフランス語圏のルイジアナ人と私たちの言語とは明らかに異なるフランス語を話せて楽しかった．

Note

il y a + 時間　:「(今から) ～前に」．「(未来・過去の一時点) より前に」は　時間 +avant．cf. dans+ 時間　「(今から) ～後に　」「(未来・過去の一時点) より後に」は時間 +après.

cajun：ルイジアナのフランス系住民.

le bayou：「バイユー」(ミシシッピー川などの支流，および三日月湖)

une écrevisse：「ザリガニ」

suffixe -ais(e), -ois(e)

接尾辞 -ais(e), -ois(e) はラテン語形容詞・名詞語尾 -ensis に由来し,「～出身の人，～に固有の人（物），～語（方言）」の意.

J'étudie le français !

J'aime beaucoup étudier les langues : à l'université, je fais du **français** bien sûr, mais aussi du **portugais** et du **chinois**. Comme je suis **japonais**, je n'ai guère la chance de parler ces langues hors de la classe. Mais hier, je suis allé à Nara visiter un temple. Soudain, un étranger m'a demandé : « Do you speak english ? Vous parlez **anglais** ? » J'ai été si surpris que j'ai répondu oui en **français**. L'homme a souri : il venait de France et il cherchait le temple Yakushi. Je l'ai accompagné et nous avons sympathisé. Nous avons beaucoup parlé et il m'a dit qu'il était **lyonnais** et sa femme **dijonnaise**. C'était une belle journée pendant laquelle j'ai enfin pu pratiquer naturellement une des langues que j'apprends. (訳 p.104)

mots-clefs

français フランス語	←	(la) France フランス
portugais ポルトガル語	←	(le) Portugal ポルトガル
chinois 中国語	←	(la) Chine 中国
japonais 日本語	←	(le) Japon 日本
anglais 英語	←	(l') Angleterre イギリス
lyonnais(e) リヨンの	←	Lyon リヨン
dijonnais(e) ディジョンの	←	Dijon ディジョン

En plus

言語名（常に男性名詞）と国籍名（話題になっている人の性・数に一致する）を混同しないように注意.

- Marie est **française**. Elle parle **français** bien sûr et **anglais**.

  マリーはフランス人です．彼女はフランス語はもちろん，英語も話せます．

住民名を構成する語尾は規模の大きさに応じて次のようになる.

接尾辞	国	県,郡,市	町，村	
ain(e)	○	◎	◎	Mexique → (un) **Mexicain** メキシコ人 Toulouse → (un) **Toulousain** トゥールーズ人
in(e) en(ne)	○	◎	◎	Angers → (un) **Angevin** アンジェ人 Corée → (un) **Coréen** 韓国人
ais(e)	◎	◎	○	Taiwan → (un) **Taiwanais** 台湾人 New-York → (un) **New-Yorkais** ニューヨークの人 Bordeaux → (un) **Bordelais** ボルドーの人 Bourbon → (un) **Bourbonnais** ブルボネ地方の人
ien(ne)	◎	◎	○	Inde → (un) **Indien** インド人 Australie → (un) **Australien** オーストラリア人 Paris → (un) **Parisien** パリの人
ois(e)	○	◎	○	Hongrie → (un) **Hongrois** ハンガリー人 Genève → (un) **Genevois** ジュネーヴ人 bourg 大きな村→ **bourgeois** 中産階級の人

接尾辞 -ois(e) は，ケベック語（フランス語）を話す人々が住民の半数以上を占めるケベック州の人々にも用いられる.

Québec → (un) **Québécois** ケベック人

Entraînement

練習問題1 次の1～4の文章がテキストの内容に合致するものには○印を，合致しないものには×印をつけなさい．

(1) Cet étudiant étudie quatre langues à l'université. (　　)

(2) Cet étudiant a souvent la chance de parler en portugais. (　　)

(3) L'étranger qu'il a rencontré à Nara est français. (　　)

(4) Cet étranger et sa femme sont originaires de Lyon. (　　)

練習問題2 下線の語を下の表の適切な箇所に入れなさい．

(1) Ronaldo habite une petite ville, à la frontière mexicaine.

(2) Monsieur JACLARD est lorrain depuis sa naissance.

(3) Je m'exprime mieux en mandarin depuis que je vis à Pékin.

(4) Victor HUGO a été bisontin pendant son enfance.

(5) Est-ce que vous comprenez le néerlandais ?

(6) L'indonésien est né en 1928 et s'écrit avec l'alphabet latin.

(7) La paëlla est un plat typique espagnol.

(8) Lorenzo n'est pas un vrai Napolitain. Il est né à Rome.

nationalités	langues	gentilés
....	....	....
....	....	....
....	....	....

（解答 p.196）

Traduction

私はフランス語を学んでいる

私は言語を学ぶのが大好きです．大学ではフランス語はもちろんのこと，ポルトガル語と中国語も学んでいる．日本人なので，教室以外でこれらの外国語を話す機会は殆んどない．しかし昨日，私は奈良に行き，寺を訪れた．突然，一人の外国人が私に「あなたは英語を話せますか？」と尋ねてきた．私はとても驚いて，フランス語で「ウイ」と答えた．その人は微笑んだ．彼はフランスから来ていて，薬師寺を探していた．私は彼を案内し，私たちは意気投合した．私たちは大いに語り合い，彼はリヨン出身で，彼の妻はディジョンの出身であるといった．素晴らしい一日だった．その日の間，私は学んでいる言語の一つをようやく自然な環境で話すことができたのだ．

Note

pendant laquelle：pendant la journée「その日一日中」
sympathiser：「気が合う」

suffixe -ation

接尾辞 -ation はラテン語名詞語尾 -atio に由来し，動詞の語幹につき，「行為，行為の結果」の意.

Boire du vin !

La **consommation** de vin par l'homme date d'environ 8000 ans. Ce sont les Romains qui ont effectué la **plantation** de vignes, dans les pays d'Europe qu'ils avaient conquis, notamment en Gaule où la terre et le climat étaient favorables, il y a 3000 ans. Cette boisson naturelle a des qualités médicales reconnues, lorsqu'on la boit avec **modération**. Ces dernières années, les Français consomment moins de vin de table. Mais la **dégustation** d'un grand cru fait toujours partie de l'art de vivre à la française ! (訳 p.108)

mots-clefs

(une) **consommation** 消費 ← consommer 消費する
(une) **plantation** 植え付け ← planter 植える
(de la) **modération** 節度 ← modérer 抑える
(une) **dégustation** 試飲 ← déguster 試飲する

En plus

動詞の不定形の語幹の母音をひきつぐ.

punir 罰する → une **punition** 処罰
finir 終える → la **finition** 仕上げ

- Si tu ne dis pas la vérité, tu auras une **punition** !
  真実を話さなければ，君は罰せられるだろう.

元の語の語尾が -t で終わる時，音調上の関係で -ation の t が省略される.

direct 直通の → la **direction** 方向

- Pardon Monsieur, le musée du Louvre, c'est dans quelle **direction** ?
  すみません，ルーヴル美術館はどちらの方向ですか？

この接尾辞は時として語幹の最後の子音の無音化の印である -ssion という形をとる.

céder 譲る → la **cession** 譲渡
progresser 進歩する → (la) **progression** 前進，進歩

- La **progression** de ce livre de français est très rapide.
  このフランス語の本の進度はとても早い.

-xion という形もある.

refléchir 考える → **réflexion** 熟考

- Je trouve que Pauline manque vraiment de **réflexion**.
  私はポリーヌは本当に思慮が足りないと思う.

Entraînement

練習問題1 次の1～5の文章がテキストの内容に合致するものには○印を，合致しないものには×印をつけなさい．

(1) Les premières vignes ont été plantées par les Romains.(　　)

(2) Les Romains ont planté les premières vignes sur le sol gaulois.　(　　)

(3) Les plants de vigne aiment la terre et le climat de la France.　(　　)

(4) Si on boit beaucoup de vin, on n'est jamais malade !　(　　)

(5) La consommation de vin augmente chaque année en France.　(　　)

練習問題2 接尾辞 « ation » を使って下線の動詞を適切な形にしなさい．

(1) Ce livre est joliment illustré.
Les .... de ce livre sont jolies.

(2) Le professeur de maths note sévèrement.
La .... du professeur de maths est sévère.

(3) Ce sportif ne s'est pas bien préparé avant le match.
Ce sportif manque de .... avant le match.

(4) Je ne sais pas qui a décoré cette pièce.
Je ne sais pas qui a fait la .... de cette pièce.

(5) Il faut bien s'alimenter pour être en bonne santé.
Une bonne .... est nécessaire pour être en bonne santé.

（解答 p.197）

Traduction

ワインを飲む

人によるワインの消費は約8000年前に始まる．征服したヨーロッパの国々，特に土壌や気候が好都合であったゴールで3000年前にブドウの木の植え付けを行ったのはローマ人たちである．この自然飲料は適度に飲酒する場合には誰もが認める医学的長所を持っている．数年前からフランス人のワインの消費量は減少している．しかし極上銘柄ワインの試飲は相変わらずフランスらしく生きる術の一部である．

Note

le vin : le vin rouge を美味しく飲むには chambré（室温に合わせて），le vin blanc, le vin rosé の場合には frais（冷やして），le champagne の場合には，frappé（氷で冷やして）がいいようである．

lorsque：quand が漠然とした時を表すのに対して lorsque は具体的な時を表す．

suffixe -ée

接尾辞 -ée はラテン語副詞 ea「そこに」に由来し,「内容（量),期間」の意.

Un an ou une année ?

Pour les Étrangers non francophones, il est toujours difficile de comprendre la différence entre les mots « an » et « année ». Le mot « an » indique toujours une date : le jour de l'an par exemple. On l'utilise aussi pour dire l'âge : j'ai 19 ans. Le suffixe « ée » permet de montrer le temps qui passe : 24 heures dans un jour, c'est une **journée**. Si, le matin, vous avez dormi longtemps, vous avez fait la grasse **matinée**. Si vous avez passé de bons moments avec vos amis le soir, c'était une très bonne **soirée !** 365 jours qui passent à l'université et voilà l'**année** universitaire finie ! Alors, ne vous trompez plus !

（訳 p.112）

mots-clefs

(une) **journée** 一日，昼間 ← (un) jour 一日
(une) **matinée** 朝, 午前中 ← (le) matin 朝
(une) **soirée** 晩, 夜の時間 ← (le) soir 夕方，晩
(une) **année** 年，１年間 ← (un) an（単位としての）年，歳

En plus

この接尾辞 -ée は時間の「量，期間」の意を表わす.

un an 一年（時間の単位，数詞以外の形容詞が付くことは殆んどない）
→ une **année** 一年（一年のうちに起こったあるいは諸々の出来事を喚起させ内容的に分割しうる一年を示す）
un matin 朝 → une **matinée** 午前中（朝の仕事または出来事に結びついて用いられる）
un soir 夜，夕方 → une **soirée** 晩，夜の時間（夕方の仕事あるいは出来事に結びついて用いられる）

この接尾辞 -ée は「量」の意を表す.

la bouche 口 → la **bouchée** 一口分
une assiette 皿 → une **assiettée**（料理の）一皿分
le poing 握りこぶし → une **poignée** ひとつかみ，一握り
la cuiller (cuillère) スプーン → une **cuillerée** スプーン一杯の量

この接尾辞 -ée は集合名詞.「行為，行為の結果」の意を表わす.

l'action de frapper les fesses → une **fessée**（罰として）尻を叩くこと
l'action de couver les poussins → une **couvée** 雌鶏が一回に抱く卵
l'action de dicter → une **dictée** 聞き取り，口述

-ée は女性名詞語尾，名詞について，「（苦痛を伴う）症状，障害」の意を表わす.

une **céphalée** 頭痛（céphal(o)-, céphale は「頭，頭部」の意）
un ongle 爪 → une **onglée** 指先のしびれ

Entraînement

練習問題1 次の1～5の文章がテキストの内容に合致するものには○印を，合致しないものには×印をつけなさい．

(1) Les mots « an » et « année » ont exactement le même sens. (　　)

(2) On peut utiliser le mot « an(s) » pour dire une date ou un âge. (　　)

(3) 12 heures, c'est une demi-journée. (　　)

(4) Faire la grasse matinée, c'est dormir tard le matin. (　　)

(5) « Bonsoir ! » et « Bonne soirée ! » s'utilisent de la même façon. (　　)

練習問題2 文意に合うように下の語の中から適切な語を選び，文を完成させなさい．

(1) Le boulanger prépare sa (　　) de pain dès 4h du matin.

(2) Ce chanteur fait une (　　) dans toute l'Europe.

(3) Mets une (　　) de sable au pied de cet arbre !

(4) Je n'aime pas quand le professeur fait une (　　) !

(5) Ce film ne passe qu'en (　　).

(6) Je vous souhaite une bonne (　　) et une bonne santé.

(7) Le petit oiseau attend la (　　) de sa mère.

(8) Si tu n'es pas sage, je vais te donner une (　　) !

(a) fessée　(b) dictée　(c) année　(d) becquée
(e) soirée　(f) fournée　(g) pelletée　(h) tournée

（解答 p.197）

Traduction

an それとも année

フランス語話者ではない外国人にとって an と année の違いを理解することは常に難しい．an という語は常に，例えば元日というように日付や，私は19才ですというように年齢を示す．接尾辞 ée は経過する時間を示すことができる．一日は24時間．それが journée「一日の出来事」なのである．朝（matin），もしあなたが朝遅くまで寝ていたならばあなたは朝寝坊（grasse matinée）した．もしあなたが夕方（soir）友人たちと一緒に楽しい時間を過ごしたならば，それはとても楽しい夕べ（soirée）だった．大学で過ごす365日は，それは学年（année universitaire）が終わったということになる．これでもう間違えないでくださいね！

suffixe -et, -ette

接尾辞 -et, -ette は後期ラテン語指小辞 -ittus, -ita に由来し，「小さなもの，人」の意.

Les courses

Chéri,

Comme je rentre tard ce soir, peux-tu aller faire les courses au supermarché ? Merci d'acheter un **coquelet** ou un **poulet** (pour le déjeuner de dimanche, avec mes parents), un kilo de **courgettes**, deux **tablettes** de chocolat, des **bâtonnets** de crème glacée et un **sachet** de vanille. N'oublie pas les **boulettes** de viande pour le chien ! Si tu veux, prends aussi un **tonnelet** de vin rouge !

Gros bisous et à ce soir !

Pierrette

（訳 p.116）

mots-clefs

(le) **coquelet** 小さな雄鶏	←	(le) coq 雄鶏
(le) **poulet** 若鶏	←	(la) poule 雌鶏
(la) **courgette** ズッキーニ	←	(la) courge カボチャ
(la) **tablette** 板状のもの	←	(la) table テーブル
(le) **bâtonnet** 小さな棒	←	(le) bâton 棒
(le) **sachet** 小さな袋	←	(le) sac 袋
(la) **boulette** 丸めた小さな玉	←	(la) boule 玉
(le) **tonnelet** 小樽	←	(le) tonneau 樽

En plus

接尾辞 -et，-ette は物の大きさを変える働きをする.

a) 物

une maison 家 → une **maisonnette** 小さな家
une fourche 熊手 → une **fourchette** フォーク
un cigare 葉巻 → une **cigarette** 紙巻タバコ

b) 動物

un agneau 子羊 → un **agnelet** 生まれたばかりの子羊
un porc 豚 → un **porcelet** 子豚

c) 果物と野菜

une noix クルミの実 → une **noisette** ハシバミの実

d) 人

une fille 娘 → une **fillette** 小さな女の子
un garçon 男の子 → un **garçonnet** 小さな男の子

接尾辞 -et (-ette) は形容詞につき，「小さな，少し」の意.

jeune 若い → **jeunet** 若すぎる
propre 清潔な → **propret** 小ぎれいな
aigre 酸っぱい → **aigrelet** 少し酸っぱい

この接尾辞は，フランスでは，家族名，地名につけられる事が多い.

le petit château 小さな城 → le **Châtelet** シャトレ
le petit Jacques 小さなジャック（農夫） → Monsieur **JACQUET** ジャケ氏

Entraînement

練習問題1 次の1～5の文章がテキストの内容に合致するものには○印を，合致しないものには×印をつけなさい．

(1) Pierrette demande à son père de faire les courses. (　　)

(2) Elle fait la liste des courses pour le dîner du soir. (　　)

(3) Pour préparer son menu, elle a besoin de poisson. (　　)

(4) Elle a besoin également d'un légume. (　　)

(5) Pour la boisson, elle voudrait un litre de vin rouge. (　　)

練習問題2 下の語の中から適切な語を選び，文を完成させなさい．

Le serveur : Comme entrée, vous prendrez une salade ?

La cliente : Oui, avec une sauce (1__).

Le serveur : Et comme viande ?

La cliente : Je vais prendre une (2__) à la crème.

Le serveur : Avec une (3__) de frites ou une assiette de légumes ?

La cliente : Je vais prendre les frites. Le dessert du jour, c'est quoi ?

Le serveur : Nous avons des (4__) aux fraises.

La cliente : Je préfère le gâteau aux (5__).

Le serveur : Bien. Et comme boisson ?

La cliente : De l'eau minérale. Ah, j'ai un couteau mais pas de (6__) !

Le serveur : Oh désolé. Je vous en apporte une immédiatement.

La cliente : Merci.

(a) vinaigrette (b) casquette (c) fourchette (d) poulet
(e) noisettes (f) côtelette (g) tartelettes (h) barquette

（解答 p.198）

Traduction

買い物

ダーリン

　私は今夜，帰りが遅くなるので，スーパーに買い物をしに行ってもらえますか？

　小さな雄鶏か若鶏を１羽（私の両親との日曜日の昼食用に），ズッキーニを１キロ，板チョコを２枚，棒状のアイスクリームを２本，そしてヴァニラ・エッセンスを１袋，犬用にミートボールを忘れないで！よければ赤ワインの樽も１つ！

愛を込めて，じゃ今夜！

ピエレット

Note

chéri：「いとしい人，愛する人」の意．子供，夫あるいは妻，恋人などの愛する人に用いられる．

faire les courses：「買い物をする」．être en courses は「買い物に出かけている」

suffixe -eur, -euse

接尾辞 -eur はラテン語名詞語尾 -or, -oris に由来し，「～する人」の意.

Faire du cinéma !

Pour faire ce film, disait cette actrice, j'ai couché avec le **producteur**, avec le **metteur en scène**, avec le **décorateur** et même le **compositeur** de la musique du film. Je suis sortie aussi avec l' **acteur** principal. Et je n'ai même pas mon nom sur l'affiche.

- C'est parce que tu as oublié l'**imprimeur** !

(inspiré de Marcel PAGNOL) （訳 p.120）

mots-clefs

(un) **producteur** プロデューサー，生産者	←	produire 生産する, 産み出す
(un) **metteur** en scène 監督	←	mettre en scène 演出する
(un) **décorateur** （舞台の）装置家	←	décorer 装飾する
(un) **compositeur** 作曲家	←	composer （文章, 曲などを）書く
(un) **acteur** 俳優	←	語基 act- は「行動する, 働きかける」の意.
(un) **imprimeur** 印刷業者	←	imprimer 印刷する

En plus

この接尾辞 -eur は動詞の語幹につき名詞を作る.

a) 行為者

pêcher（魚などを）釣る　→　un **pêcheur** 漁師，釣人

b) 職業

vendre 売る　→　un **vendeur** 販売人

brasser（ビールを）醸造する　→　un **brasseur** (de bière)
（ビールの）醸造業者

c) 器具

compter 数える　→　un **compteur** メーター

ventiler 換気する　→　un **ventilateur** 換気扇，扇風機

d) 機械

tracter 牽引する　→　un **tracteur** トラクター

-ateur, -atrice はラテン語名詞・形容詞語尾 -ātor, -āris に由来し，これらの語尾で終わる多くの名詞は形容詞としても使われる.

名詞 : Michèle est **éducatrice**. ミシェルは教師である.

形容詞 : Ce livre a une grande valeur **éducatrice**.
この本は大いに教育的価値がある.

この接尾辞 -eur は形容詞につけられ，女性抽象名詞を作り，若干の語ではラテン語女性名詞語尾 -issa に由来する -eresse, -oresse となる.

① -eur :「性質，状態」の意

grand　→　la **grandeur** 大きさ

froid　→　la **froideur**（態度などの）冷たさ

② -eur, -eresse :「行為者，性質」の意

vengeur（男性形），**vengeresse**（女性形）復讐者

pécheur（男性形），**pécheresse**（女性形）罪人

Entraînement

練習問題1 次の1～5の文章が正しいものには○印を，そうでないものには×印をつけなさい.

(1) Le producteur est la personne qui finance le film. (　　)

(2) Le metteur en scène dirige les acteurs du film. (　　)

(3) Le compositeur écrit le scénario du film. (　　)

(4) L'acteur écrit les dialogues du film. (　　)

(5) Le décorateur crée les décors du film. (　　)

練習問題2 下記の語の中から適切な語を選び，文を完成させなさい.

(1) Alain : Tu penses que Rémi est un bon (　) ?
Jean : Oui. Tu sais, il est né à Chamonix ! Il aime la neige !

(2) Céline (qui fait la cuisine) : Il faut ajouter 25 cl de rhum !
Manon : Tiens, voici le (　) ! Attention, tu en mets trop !

(3) Luc : Tu aimes l'été ?
Marina : Non, pas trop ! Je n'aime pas la (　).

(4) Mina : J'aime bien cette statue !
Thomas : Elle est très connue : c'est le (　) de Rodin.

(5) Karine : Comment s'appelle ce (　) ? Il est connu au Japon ?
Kôji : Il s'appelle Tsuyoshi NAGABUCHI. J'aime bien sa voix !

(a) rondeur	(b) chanteur	(c) régulateur	(d) boxeur
(e) docteur	(f) froideur	(g) mixeur	(h) observateur
(i) Penseur	(j) doseur	(k) skieur	(l) chaleur

(解答 p.199)

Traduction

映画を作る

　この映画を作るために，私はプロデューサー，映画監督，舞台装置家，そして映画音楽の作曲家とさえも寝た．私は主演男優ともデートした．なのにポスターには私の名前すらない，とその女優は言っていた．
—それは君が印刷業者を忘れていたからだ．

（マルセル・パニョルから着想を得て）

Note

sortir avec qn.：「～と外出する」→「～とデートする」
même le compositeur：même は，定冠詞と共に名詞の前に置かれると形容詞で「同じ」の意であるが，ここでは副詞で「～さえ，～すら」の意．

suffixe

-eux (-euse)

この接尾辞 -eux (-euse) はラテン語形容詞語尾 -osus, -osa に由来し,「性質，属性」を表わす.

Météo

Voici les prévisions météo pour ce week-end : le temps sera **pluvieux** sur une bonne partie du nord de la France. Ciel **nuageux** toute la journée sur l'est du pays. Temps **brumeux** le matin en Normandie et à l'ouest avec quelques averses **orageuses**. Au centre, la météo sera **capricieuse** : soleil et pluies alterneront. Sur les Alpes, un grand soleil apportera de la chaleur au manteau **neigeux**, alors attention aux avalanches ! Sur le Midi et la Corse, beau soleil pour une belle journée que nous vous souhaitons **joyeuse**. Prochain bulletin météo après le journal de 20h ! （訳 p.124）

mots-clefs

pluvieux, euse 雨の多い ← (la) pluie 雨
nuageux, euse 雲の多い ← (le) nuage 雲
brumeux, euse もやのかかった ← (la) brume もや
orageux, euse 雷雨（嵐）になりそうな ← (l') orage 雷雨
capricieux, euse 気まぐれな, 変わりやすい ← (le) caprice 気まぐれ
neigeux, euse 雪に覆われた ← (la) neige 雪
joyeux, euse 楽しい ← (la) joie 喜び

En plus

名詞・動詞の語幹につき，多くの形容詞・名詞を作る．病名につくと「～になった，～性の，患者」の意．

① 形容詞

- Quelqu'un qui a beaucoup de paresse est **paresseux** !
  すごく怠ける人は怠け者です．
- Mon futon est tout mou. Il est **moelleux**.
  私の布団は柔らかい．それは柔らかい．
- Un produit rempli de fer est un produit **ferreux**.
  鉄の多い製品は鉄製品です．
- Une rivière remplie de poissons est **poissonneuse** !
  魚の多い川は魚が豊富です．

② 名詞：病名につき，「～にかかった，～性の，患者」の意．

- Un malade atteint du cancer est **cancéreux**.
  がんにかかった病人はがん患者です．

名詞から作られる二つの異形がある．名詞の語末の音節の最後の子音が -c, -d, -g の場合は -ieux（-ieuse）で，それ以外は -ueux（-ueuse）となる．

un décor de luxe → un décor **luxueux** 豪華な舞台装置
un homme de talent → un homme **talentueux** 才能のある人
une femme qui a de l'audace
→ une femme **audacieuse** 大胆な女性

接尾辞 -eux (-euse) は名詞・動詞の語幹につき「～する人，に携わる人」の意．-eur の変形．語尾の -r が発音されなかった時代に，形容詞・名詞語尾の -eux と混同されたため．

- Un élève qui comprend bien les maths est un **matheux**.
  数学をよく理解する人は数学に強い人である

Entraînement

練習問題1 次の1～5の文章がテキストの内容に合致するものには○印を，合致しないものには×印をつけなさい.

Le week-end prochain,

(1) il pleuvra sur le nord de la France. (　　)

(2) le temps sera changeant dans le centre de la France. (　　)

(3) il neigera sur les Alpes. (　　)

(4) il y aura beaucoup de nuages sur l'est du pays. (　　)

(5) il fera très beau sur la Côte d'Azur. (　　)

練習問題2 提示したそれぞれ3つの中から適切な語を選び，文を完成させなさい.

(1) « Tu pars faire le tour du monde à vélo. Je te trouve bien (　　) »
(a) courageux　(b) coléreux　(c) peureux

(2) « Hier, j'ai vu *la flûte enchantée* de Mozart. C'était (　　) . »
(a) nerveux　(b) merveilleux　(c) honteux

(3) « Il faut être très (　　) envers les personnes âgées. »
(a) paresseux　(b) oublieux　(c) respectueux

(4) « Je trouve Marie bien (　　) en ce moment. Elle a l'air triste. »
(a) malicieuse　(b) capricieuse　(c) soucieuse

(5) « Le prof de maths est (　　) . Je déteste sa classe. »
(a) ennuyeux　(b) talentueux　(c) joyeux

(解答 p.199)

Traduction

天気予報

今週末の天気予報は次の通りです．フランス北部の大部分は雨模様でしょう．東部では一日中曇りがちでしょう．ノルマンディーと西部では朝方はもやがかかり雷とにわか雨もあるでしょう．中部（の山岳地帯）では晴れたり，雨が降ったりの変わりやすい天気でしょう．アルプス山地では強い太陽の日差しが雪に覆われた地域に暑さをもたらすでしょう．雪崩に注意してください．南仏とコルシカ島では楽しい一日になるほど素晴らしい天気です．次の天気予報は20時のニュースの後です．

Note

alterner :「交互に起こる」
avalanche :「雪崩」

suffixe -ième

この接尾辞 -ième はラテン語序数詞語尾 -imus, -ēsimus に由来し，「～番目の（物）」の意．

Le neuvième art

C'est le philosophe allemand HEGEL, qui, au début du **XIXe** siècle, a classé les arts selon deux critères : leur matérialité et l'expressivité qu'ils demandent. Le **1er** est l'architecture, le **2e** la sculpture, le **3e** la peinture, le **4e** la musique, le **5e** la danse, le **6e** la poésie. Le **7e** art est né ensuite : le cinéma. Le **8e** art est très disputé : selon les uns, c'est le théâtre et pour les autres la photographie ou la télévision. L'expression **9e** art est très récente : elle a été inventée en 1964 par deux dessinateurs MORRIS et VANKEER pour qualifier les récits en images : la BD (bande dessinée). (訳 p.128)

mots-clefs

XIXe (**dix-neuvième**) ← 19 (dix-neuf)

1er (**premier, première**) ← 1 (un)

2e (**deuxième**)	←	2 (deux)	**3e** (**troisième**)	←	3 (trois)
4e (**quatrième**)	←	4 (quatre)	**5e** (**cinquième**)	←	5 (cinq)
6e (**sixième**)	←	6 (six)	**7e** (**septième**)	←	7 (sept)
8e (**huitième**)	←	8 (huit)	**9e** (**neuvième**)	←	9 (neuf)

En plus

接尾辞 -ième はフランス語では基数につけて，順番を表わし序列数形容詞を作る．複数で書かれることもある．

le **dix-huitième** (18e) arrondissement de Paris　パリ18区
Tous les **troisièmes** (3es) dimanches du mois, je vais voir mes parents.　毎月の第三日曜日ごとに私は両親に会いに行く．

▶フランス語には 0 の序数詞はない．

1er (**premier**), 1re (**première**), 1ers (**premiers**), 1res (**premières**).
2e (**deuxième**), 2es (**deuxièmes**), 2^{d} (**second**), 2de (**seconde**), 2^{ds} (**seconds**), 2des (**secondes**).

- C'est la **première** fois que je voyage à l'étranger !
  これが私の初めての海外旅行だ．
- La **Seconde** guerre mondiale s'est terminée en 1945.
  第二次世界大戦は1945年に終わった．
- Hier, Pierre a passé le permis de conduire pour la **deuxième** fois.
  昨日，ピエールは 2 度目の運転免許試験を受けた．

▶ 2 の序数詞については second(e) は 3 度目以降がない場合にしか用いられない．deuxième は 3 度目以降がある場合に用いられる．

順位が終わった時には dernier（-ère）「最後の」が用いられる．

- Luc est arrivé le **dernier** de cette course.
  リュックはこのレースで最後にゴールした．

Entraînement

練習問題1　次の1～5の文章がテキストの内容に合致するものには○印を，合致しないものには×印をつけなさい．

(1) Le classement des arts existe depuis le Moyen Âge.　(　　)

(2) Le classement des arts est officiel et reconnu par tous.　(　　)

(3) L'expression « 9e art » a été inventée par HEGEL.　(　　)

(4) Il n'y a pas de consensus sur ce qu'est le 8e art.　(　　)

(5) Le premier art a été l'architecture.　(　　)

練習問題2　下の適切な序数詞を用いて文を完成させなさい．

(1) « Le (　　　) élément » est un film de Luc BESSON, sorti en 1987, avec Bruce Willis.

(2) L'Arc de Triomphe se trouve dans le (　　　) arrondissement de Paris.

(3) Faire un voyage en avion en (　　　) classe, c'est mon rêve !

(4) Les Français appellent souvent le cinéma « le (　　　) art ! »

(5) Cet athlète a eu la médaille de bronze. Il est monté sur la (　　　) marche du podium.

(6) Grâce à mon (　　　) sens, j'ai pu éviter cet accident !

(7) Moi, je suis le (　　　) enfant de la famille. Mon grand frère s'appelle Luc, ma petite sœur Lucie.

(8) La (　　　) république, en France, a été formée après la 2de guerre mondiale.

(a) 1ère　(b) 2e　(c) 3e　(d) 4e　(e) 5e　(f) 6e　(g) 7e　(h) 8^{e}

（解答 p.200）

Traduction

第9番目の芸術

19世紀初頭のドイツの哲学者ヘーゲルは芸術が求める具体性と表現性の二つの基準に応じて芸術を分類した．第一番目は建築，第二番目は彫刻，第三番目は絵画，第四番目は音楽，第五番目はダンス，第六番目は詩である．それから第七番目が生まれた．映画である．第八番目は議論の分かれるところで，ある人々は芝居，別の人々は写真あるいはテレビと言う．第九番目の芸術表現はとても最近のものである．1964年に二人の漫画家モーリスとヴァンケールによって考案された絵による物語，つまり漫画である．

suffixe -ier (-ière)

接尾辞 -ier (-ière) はラテン語形容詞・名詞語尾 –arius, -arium, -arua に由来し，「～を作る，～を生じる」の意.

Les arbres et les hommes

Pour tout Japonais, le spectacle des **cerisiers** et des **pruniers** en fleurs, au printemps, est à ne pas manquer. Les Anglophones ont un proverbe pour le fruit du **pommier** : « An apple a day keeps the doctor away. » L'**olivier**, arbre le plus cité dans la Bible, symbolise la paix. Il figure sur le drapeau de l'ONU, la carte du monde étant placée dans une couronne de rameaux d'olivier. Bouddha, en Inde, a longtemps médité sous des **figuiers**, symbole d'éternité dans ce pays. Moi, l'arbre que je préfère, c'est le **plaqueminier** dont le fruit était, pour les Anciens, « une nourriture de Dieu ». Il est plus connu sous le nom de « kaki ».

(訳 p.132)

mots-clefs

(le) **cerisier** 桜の木	←	(la) cerise サクランボ
(le) **prunier** 桃の木	←	(la) prune セイヨウスモモの実
(le) **pommier** リンゴの木	←	(la) pomme リンゴ
(l') **olivier** オリーブの木	←	(l') olive オリーブの実
(le) **figuier** イチジクの木	←	(la) figue イチジク
(le) **plaqueminier** 柿の木	←	(la) plaquemine 柿の実

En plus

この接尾辞 -ier は形容詞・名詞を作り，「～を作る，生じる」の意．

un arbre qui fait des fruits 果実を作る木 → un arbre **fruitier** 果樹
une vache qui fait du lait ミルクを作る牝牛
→ une vache **laitière** 乳牛
une personne qui utilise sa main droite 右手を使う人
→ un **droitier**, une **droitière** 右利きの人

この接尾辞 –(t)ier は名詞を作り,「器械, 器具, 機能的な機械」の意.

un appareil qui fait des gaufres ゴーフルを作る器械
→ un **gaufrier** ワッフル焼き器
une machine qui fait du café コーヒーを作る器械
→ une **cafetière** コーヒーメーカー

接尾辞 -ier は職業名詞を作ることもある

une personne qui fabrique des chapeaux 帽子を作る人
→ un **chapelier** 帽子製造業者
une personne qui fait de la dentelle レースを作る人
→ une **dentellière** レースを編む女

接尾辞 -ier は船の名詞を構成する.

un bateau qui transporte du pétrole 石油を運ぶ船
→ un **pétrolier** 石油タンカー
un bateau pour l'étude (あるいは la chasse) à la baleine 鯨の調査（捕鯨）のための船 → un **baleinier** 捕鯨船

この接尾辞は名詞につき，「～に適する（物），～の用途にあてられる（物）の意.

un lièvre 野ウサギ → un **lévrier** グレーハウンド

Entraînement

練習問題1 次の1～5の文章がテキストの内容に合致するものには○印を，合致しないものには×印をつけなさい．

(1) Les Japonais aiment regarder les cerisiers en fleurs. (　　)

(2) Pour les Anglais, manger une pomme est bon pour la santé. (　　)

(3) Une branche d'olivier figure sur le drapeau de l'ONU. (　　)

(4) Le figuier symbolise la mort, en Inde. (　　)

(5) Le fruit appelé kaki pousse sur un plaqueminier. (　　)

練習問題2 下の語の中から適切な語を選び，文を完成させなさい．

Pierre : Cet arbre, à côté de toi, c'est un (1__) ?

Annie : Oui. J'ai fait cette photo à Madagascar, l'été dernier.

Pierre : Cet homme là, à ta droite, qui est-ce ?

Annie : C'est Yannick, le (2__) de l'hôtel. Il était très sympa.

Pierre : Et sur cette photo, qu'est-ce que tu fais ?

Annie : Je suis sur un (3__). Je suis restée en mer une journée.

Pierre : Super. Moi, pendant les vacances, j'ai travaillé tout le temps.

Annie : Comme (4__) ?

Pierre : Oui. J'avais fait trop de crédit alors mon (5__) m'a appelé.

Annie : Tu as tout remboursé ?

Pierre : Oui.

Annie : Alors tu m'invites dans un restaurant chic, ce soir ?

(a) portier　(b) sommelier　(c) chalutier　(d) banquier
(e) cendrier　(f) poudrier　(g) sucrier　(h) bananier

（解答 p.201）

Traduction

木々と人類

日本人すべてにとって，開花している桜の木と桃の木の光景は春にはなくてはならないものだ．英語圏の人々には「一日１個のリンゴで医者要らず」というリンゴの木の実に関する諺がある．聖書の中で最も引用されるオリーブの木は平和を象徴している．世界地図がオリーブの小枝の冠の中に置かれている国際連合の旗にも描かれている．インドでは，仏陀はこの国で永遠の象徴であるイチジクの木の下で長い間瞑想した．私の好きな木といえばそれは柿の木である．その実は古代人にとって「神の食物」であった．それは「カキ」という名で知られている．

Note

kaki (n.m.) :「柿の木」
kaki (adj.) :（不変化）「カーキ色の」
figurer (v.i.) :「ある，記載されている」
couronne (n.f.) :「（王位などの象徴の）冠」
rameau (n.m.) :「小枝」

suffixe -(i)er (-(i)ère)

接尾辞 -ier はラテン語形容詞・名詞語尾 -arius, -arium, -aria に由来し,「～をする人,に従事する人」の意.

Au village

Dans mon village, chaque jour, le **boulanger** passe, avec son petit camion, pour vendre son pain. Une ou deux fois par semaine, c'est le **boucher-charcutier**, le **fromager** et **l'épicier** qui passent. Le vendredi matin, c'est au tour du **poissonnier**. Tous les besoins quotidiens en alimentation sont ainsi satisfaits. Bien sûr, autrefois, d'autres commerçants venaient vendre leurs marchandises à notre porte : le **quincaillier**, la **mercière** ou le **coutelier**. La concurrence des hypermarchés dans les banlieues des grandes villes a tué tous ces petits commerces.

(訳 p.136)

mots-clefs

(un) **boulanger** パン屋 ← (la) boulangerie パン屋（の店）
(un) **boucher-charcutier** 豚肉屋の主人 ← (la) boucherie 肉屋
← (la) charcuterie 豚肉販売店
(un) **fromager** チーズ販売業者 ← (le) fromage チーズ
(un) **épicier** 食料品店主 ← (les) épices 香辛料
(un) **poissonnier** 魚屋 ← (le) poisson 魚
(un) **quincaillier** 金物店主 ← (la) quincaillerie 金物店
(une) **mercière**（手芸・裁縫）材料商人 ← (la) mercerie 小間物屋
(un) **coutelier** 刃物屋 ← (le) couteau ナイフ

En plus

職業名を作る他の接尾辞

① 動詞の語幹＋

-**able**：compter 数える → un(e) **comptable** 会計担当者
-**ant**(**e**)：enseigner 教える → un(e) **enseignant**(**e**) 教師
-**ateur** (-**atrice**)：animer 活気づける → un **animateur** 司会者
-**er** (-**ère**)：conseiller 助言する → un **conseiller** (agricole)（農業）指導者
-**eur** (-**euse**)：vendre 売る → un(e) **vendeur** (**vendeuse**) 販売人
-**graphe**：ギリシア語 graphos「書く」に由来し,「記録する人」の意.
cartographier 地図を製作する → un(e) **cartographe** 地図製作者
-**ier** (-**ière**)：costumer 衣裳をつけさせる → un **costumier** 衣裳係
-**iste**：pomper ポンプで汲む → un(e) **pompiste** 給油係
-**teur** (-**trice**)：conduire 運転する → un(e) **conducteur** (**-trice**) 運転手

② 名詞＋

-**aire**：(la) bibliothèque 図書館 → un(e) **bibliothécaire** 司書
-**en** (-**enne**)：(la) chirurgie 外科学 → un(e) **chirurgien** 外科医
-**eron** (-**eronne**)：(la) vigne ブドウ → un(e) **vigneron(ne)** ブドウ栽培者
-**iatre**：ギリシア語 iātrós「医師」に由来し,「医師, 医学」の意.
la psychologie 心理学 → un(e) **psychiatre** 精神科医

Entraînement

練習問題1　次の1～5の文章がテキストの内容に合致するものには○印を，合致しないものには×印をつけなさい．

(1) La visite du boulanger dans ce village est quotidienne. (　　)

(2) Dans ce village, on peut acheter du poisson le vendredi. (　　)

(3) Le fromager passe plus souvent que l'épicier. (　　)

(4) Les gens préfèrent aujourd'hui faire leurs courses dans les grandes surfaces. (　　)

(5) Beaucoup de petits commerces ont disparu dans ce village. (　　)

練習問題2　下の語の中から適切な語を選び，文を完成させなさい．

(1) Lucie est (　　) d'espagnol dans un lycée, à Nice.

(2) Nicole est (　　) : elle travaille dans un grand hôpital, à Caen.

(3) Norah est (　　) au Musée des Arts premiers, à Paris.

(4) Sarah est (　　) pour les enfants, dans un tribunal de province.

(5) Manon est (　　) au CNRS depuis 3 ans déjà.

(6) Fatima est (　　) dans un petit salon de beauté, à Dijon.

(7) Chloé travaille comme (　　) au sol, à l'aéroport d'Orly.

(8) Jade est (　　) dans un centre de vacances pour adolescents.

(a) conservatrice	(b) hôtesse	(c) juge	(d) animatrice
(e) esthéticienne	(f) professeure	(g) chercheuse	(h) chirurgienne

（解答 p.201）

Traduction

村で

私の村では，毎日小型トラックでパンを売るためにパン屋がやって来る．週に 1，2 度やって来るのは豚肉屋，チーズ屋，食料品屋だ．金曜日の朝は魚屋の番だ．食料品については，そういうわけで日々の生活必需品は充足している．昔はもちろん他の商人，金物屋，小間物屋，刃物屋といった人たちが，家まで自分たちの商品を売りに来ていた．大都市郊外の大型スーパーとの競合が，これらのすべての小売商を消滅させたのだ．

suffixe -isme

接尾辞 -isme はラテン語男性名詞語尾 ismus に由来し,「教義, 主義, 信条, 態度」の意.

Points de vue sur la société française

Les journaux étrangers, lorsqu'ils parlent de la France, aiment dénoncer les maux de la société française : le **racisme** d'une partie de la population, l'**affairisme** de ses hommes politiques, l'**incivisme** de ses automobilistes, l'**alcoolisme** chez les jeunes. Le portrait est peu flatteur et il devrait inviter à réfléchir, même si la France reste, pour le **tourisme**, la première destination mondiale. (訳 p.140)

mots-clefs

(le) **racisme** 人種差別 ← (une) race 人種
(l') **affairisme** あくどい金もうけ主義 ← (les) affaires ビジネス, 商売
(l') **incivisme** 公徳心の欠如 ← (le) civil 市民
(l') **alcoolisme** アルコール中毒 ← (l') alcool アルコール
(le) **tourisme** 観光事業 ← (un) tour 一周, 周遊旅行

En plus

この接尾辞 -isme は「教義・主義・信条」などに関係する名詞を作る.

- Quel avenir pour nos sociétés ? Le **libéralisme** ou le **communisme** ? Chacun doit y réfléchir.
  私たちの社会にどんな未来がいいのか？自由主義あるいは共産主義？
  各々がそのことについてじっくりと考えなければならない.

人名に接尾辞 -isme をつけて，その人の影響を受けた理論（学説）を表わす数多くの名詞を作る.

le Marquis de Sade サド侯爵 → le **sadisme** サディズム
Bouddha 仏陀 → le **bouddhisme** 仏教
Staline スターリン → le **stalinisme** スターリン主義
Mao Tse Toung 毛沢東 → le **maoïsme** 毛沢東主義

この接尾辞 -isme は「行為の結果，状態，性質，特質」を表わす.

- Ce journaliste est reconnu pour son **professionnalisme**.
  この新聞記者はプロ意識の持ち主として有名である.

この接尾辞 -isme は「病状，症状，中毒」の意.

- Ma sœur fait souvent des crises de **somnambulisme**.
  私の姉はしばしば夢遊病の発作を起こす.

Entraînement

練習問題1 次の1～5の文章がテキストの内容に合致するものには○印を，合致しないものには×印をつけなさい．

(1) Selon les journaux étrangers, une partie des Français seraient racistes. (　　)

(2) Selon ces journaux, les Français sont de bons conducteurs. (　　)

(3) Le portrait, tracé par ces journaux, n'est guère favorable aux Français. (　　)

(4) D'après ces journaux, les Français seraient alcooliques. (　　)

(5) Malgré les critiques faites aux Français, les touristes continuent de venir en France en grand nombre. (　　)

練習問題2 密接に関係するものを結び付けなさい（可能な答えは唯一つ）

(1) une doctrine économique :
(2) un mouvement artistique :
(3) une idéologie communiste :
(4) un système d'alimentation sans viande ni chair animale :
(5) la communication avec les morts :
(6) une sorte de vanité :
(7) une intoxication par le plomb

(a) le snobisme
(b) le libéralisme
(c) le surréalisme
(d) le saturnisme
(e) le spiritisme
(f) le trotskisme
(g) le végétarisme

(1)	(2)	(3)	(4)	(5)	(6)	(7)

（解答 p.202）

Traduction

フランス社会についての見方

外国紙はフランスについて論ずる時，一部の住民の人種差別，政治家などの利権あさり，ドライバーたちの公徳心の欠如，若者たちのアルコール中毒などのフランス社会の病巣を好んで告発する．フランス社会の描写は遠慮がないものであり，フランスが観光において世界のトップのままであるにせよ，その描写を見るとよく考えたほうがよいであろう．

Note

peu flatteur：peu の前に不定冠詞 un がないので「あまり～でない，ほとんど～ない」の意．

inviter à inf：「～を促す」

dénoncer (v.t.)：「告発する」

maux：mal の複数形．「病巣」

flatteur (adj.)：「おもねる，へつらう」

suffixe -iste

-iste はラテン語形容詞・名詞語尾 -ista, -tēs に由来し,「専門家, ～を支持する（人）, ～を信奉する（人）」の意.

Destination France

Malgré un accueil parfois peu souriant, la France reste l'une des destinations touristiques les plus fréquentées au monde. En été, les **alpinistes** sont nombreux sur le Mont Blanc, les **naturistes** envahissent les plages du littoral français, les **vététistes** parcourent les chemins de campagne et les **kayakistes** descendent les gorges de l'Ardèche ou du Tarn. A cela s'ajoutent les nombreux visiteurs qui préfèrent Paris. Mais ces 76 millions de **touristes** ne fréquentent qu'une quinzaine de grands sites pendant l'été. Il faut donc songer à développer une nouvelle approche : un « tourisme durable » qui sache préserver, pour les générations futures, la beauté de tous les sites naturels.

(訳 p.144)

mots-clefs

alpiniste 登山家 ← (les) Alpes アルプス山脈

naturiste 自然回帰主義者 ← (la) nature 自然

vététiste マウンテンバイク乗り ← (un) VTT(vélo tout terrain) マウンテンバイク

kayakiste カヤック乗り ← (un) kayak カヤック

touriste 観光客 ← (un) tour (un) voyage 周遊旅行

En plus

この接頭辞 -iste は職業に関係する名詞を作るのに使われる.

un(e) **dentiste** 歯医者　un(e) **éclairagiste** 照明技師

- « Quand je serai grand, je serai **journaliste** ! » déclare Luc, 7 ans. « Et moi, je serai **artiste** ! » répond sa sœur.
  「僕は大きくなったら新聞記者になるぞ」と7歳のリュックは宣言する．彼の姉は「私は芸術家になるわ」と答える．

この接尾辞 -iste はある活動の愛好家の名詞を作るのに使われる.

un(e) **cycliste** サイクリスト
un(e) **véliplanchiste** ウインドサーファー

- Pierre est un excellent **guitariste** et un bon **flûtiste**.
  ピエールは優れたギタリストで優秀なフルート奏者である．

この接尾辞 -iste はイデオロギーあるいは学説を信奉する人の名詞を作るのにも使われる

un(e) **communiste** 共産主義者　un(e) **antifasciste** 反ファシズムの人

- Si tu penses qu'il n'y aura plus jamais de guerres, tu es un grand **idéaliste** !
  君がもはや決して戦争は起こらないと考えているならば，君は偉大なる理想主義者だ．

この接尾辞 -iste は形容詞を作るのにも使われる.

un(e) peinture **cubiste** 立体派の絵画
un(e) personne **altruiste** 愛他主義者

- La France a une politique **nataliste**.
  フランスは多産奨励政策を採っている．

Entraînement

練習問題1 次の1～5の文章がテキストの内容に合致するものには○印を，合致しないものには×印をつけなさい.

(1) Il y a peu de touristes étrangers en France. (　　)

(2) Les touristes qui font du VTT vont souvent à la campagne. (　　)

(3) On peut faire du naturisme sur les plages en France. (　　)

(4) La plupart des touristes qui viennent en France visitent Paris. (　　)

(5) Le tourisme est parfois un danger pour les sites naturels. (　　)

練習問題2 下の語の中から適切な語を選び，文を完成させなさい.

(1) quelqu'un qui répare les voitures : (　　)

(2) quelqu'un qui achète des livres pour les revendre : (　　)

(3) quelqu'un qui chante dans une chorale : (　　)

(4) quelqu'un qui joue du violon : (　　)

(5) quelqu'un qui étudie les langues : (　　)

(6) quelqu'un qui aime les mots-croisés : (　　)

(7) quelqu'un qui vend de l'essence : (　　)

(8) quelqu'un qui étudie les températures, le vent etc. : (　　)

(9) quelqu'un qui connaît bien le latin : (　　)

(a) un(e) linguiste　(b) un(e) bouquiniste　(c) un(e) météorologiste
(d) un(e) garagiste　(e) un(e) violoniste　(f) un(e) choriste
(g) un(e) latiniste　(h) un(e) pompiste　(i) un(e) cruciverbiste

（解答 p.203）

Traduction

フランス行き

時として余り愛想の良くないもてなしにもかかわらず，フランスは世界で最も頻繁に観光客が訪れる行先の一つである．夏にはモンブランへの数多くの登山客，フランスの沿岸の浜辺を占拠するナチュラリストたち，田舎の道を走り回るマウンテンバイク乗り，アルデッシュやタルヌ県の峡谷を下るカヤック乗り，以上の人に加えてパリを好む多くの観光客がいる．しかし，これら7600万人の観光客は夏の間，約15の有名な景勝地しか頻繁に訪れない．それゆえ，次の世代に向けて，あらゆる自然の景勝地の美しさを保護することのできる新たな取り組み，つまり「永続的な観光事業」を発展させることを考えなければならない．

Note

littoral：「沿岸の，海岸の」
gorges：「峡谷」
s'ajouter：「付け加わる」

suffixe -itude

接尾辞 -itude はラテン語女性名詞語尾 -itudo に由来し，形容詞から名詞を作るのに使われる．「性質，状態」の意．

Citations

« De toutes les qualités du cuisinier, la plus indispensable est l'**exactitude** ! » (BRILLAT-SAVARIN)

« Un élève, c'est une personne qui répond à des **platitudes** par des **platitudes** ! » (Ernest ABBÉ)

« J'approuve par **lassitude**, je contredis par impatience ! »

(Jean ROSTAND)

« Tristesse au cœur. Quand j'entends le coucou, ma **solitude** est plus profonde ! » (Matsuo Munefusa dit Basho)

« Vivre dans le doute, c'est mourir dans l'**incertitude** ! »

(Jean GAUDENZI)

（訳 p.148）

mots-clefs

(l') **exactitude** 正確さ ← exact(e) 正確な

(une) **platitude** 平凡，月並みな言葉（行為）

← plat(e) 平凡な，平らな

(la) **lassitude** 疲れ，疲労 ← las(se) 疲れた

(la) **solitude** 孤独 ← seul(e) ひとりきりの

(l') **incertitude** 不確実さ，不安定

← in- は接頭語で「否定，欠如」の意，certitude 確かさ，certain 確かな

En plus

この接尾辞 -itude は元の形容詞に関係した性質の概念を表わし，女性名詞を作る.

形容詞		性質・状態
nul(le) 無の	→	(la) **nullitude** 無
multiple 多数の	→	(la) **multitude** 多数
ingrat(e) 恩知らずの	→	(l') **ingratitude** 忘恩
béat(e) 満ち足りた	→	(la) **béatitude** 満ち足りた幸福

同様の意味で -tude の形もある.

形容詞		性質・状態
inquiet(-ète) 心配している	→	(l')**inquiétude** 心配
désuet(-ète) 古びた，すたれた	→	(la) **désuétude** すたれること，廃用
solitaire 孤独の	→	(la) **solitude** 孤独

Entraînement

練習問題1 次の1～5の文章がテキストの内容に合致するものには○印を，合致しないものには×印をつけなさい．

(1) Un cuisinier doit être toujours à l'heure, selon BRILLAT-SAVARIN. (　　)

(2) Ernest ABBÉ pense que les enseignants ne sont guère intéressants. (　　)

(3) Jean ROSTAND était toujours impatient d'être d'accord. (　　)

(4) Pour le poète, le chant du coucou symbolise la solitude. (　　)

(5) Douter, c'est mourir, pense Jean GAUDENZI. (　　)

練習問題2 下の語の中から適切な語を選び，文を完成させなさい．

(1) « J'ai accepté de faire ce travail par (　　). J'en avais marre.

(2) La chanson « my way » en français s'appelle « Comme d' (　　) ! »

(3) Ce que je te raconte, je le sais avec (　　).

(4) Je vous exprime toute ma (　　) pour ce que vous avez fait pour moi.

(5) Sur notre planète vit une (　　) de peuples.

(6) « L'(　　) est la politesse des rois ! » selon Louis XVIII.

(7) Rien n'est venu troubler la (　　) de mon sommeil !

(8) Dans ses "Mémoires d'outre-tombe", Chateaubriand a inventé le mot (　　).

(a) exactitude　(b) certitude　(c) multitude　(d) gratitude
(e) vastitude　(f) lassitude　(g) quiétude　(h) habitude

（解答 p.203）

Traduction

引用

「料理人のすべての資質の中でもっとも必要不可欠なものは正確さである」

（ブリア・サヴァラン）

「生徒とは月並みな質問に月並みな言葉で答える人間である」

（エルネスト・アベ）

「私は投げやりな気持ちで同意し，私はいらだって反対する」

（ジャン・ロスタン）

「憂き我を寂しがらせよ，閑古鳥」

（松尾芭蕉）

「疑惑の中で生きること，それは不確実さの中で死ぬことである」

（ジャン・ゴダンズィ）

Note

他にもこのような格言がある.

La faim assaisonne tout. 空腹はすべてに味をつける→「空腹にまずいものなし」

suffixe -logie

この接尾辞 -logie はギリシア語 logos「言葉」に由来し,「～学, ～論」の意. この接尾辞の直前の文字は -o に先行される.

Sciences

Hormis les sciences classiques comme la **biologie** ou la **géologie**, il existe aussi ce que les scientifiques appellent des « pseudo-sciences » car elles ne reposent sur aucune réalité prouvée. La plus célèbre est l'**astrologie**, qui prédit l'avenir ou la personnalité des gens selon leur date de naissance. L'**ufologie** est apparue après la 2e guerre mondiale : elle s'intéresse aux OVNI. La **parapsychologie** étudie des phénomènes comme la télépathie ou la communication avec des personnes disparues. Faut-il croire ou ne pas croire à ces « nouvelles sciences » ? La réponse appartient à chacun.

(訳 p.152)

mots-clefs

(la) **biologie** 生物学 ← bio-「生命」の意
(la) **géologie** 地質学 ← géo-「土地, 大地, 地球」の意
(l') **astrogie** 占星術 ← astro-「天体 , 星」の意
(l') **ufologie** UFO 研究 ← UFO 未確認飛行物体
(la) **parapsychologie** 超心理学
← psycho-「霊魂, 精神, 心理」の意

En plus

接尾辞 -logie は「言い回し，修辞形態; 話，談話; 著作，著作集」の意．

amphibole 多義的な解釈を許す　→　une **amphibologie** 多義構文

anth(o)「花」の意　→　une **anthologie** 詞華集，名品集

ana-「下から上に，後に逆に」の意　→　une **analogie** 類似，類推

ギリシア語 lógos に由来する -logue, -logie, -logique は学問の分野を示し，知ることの分野は -logie，その分野を研究する人は -logue，そしてそれに対応する形容詞語尾は -logique である．

知ること	分野	～する人，～研究者
le vocabulaire 語彙	la **lexicologie** 語彙論	un(e) **lexicologue** 語彙研究者
l'écriture 文字	la **graphologie** 筆跡学	un(e) **graphologue** 筆跡学者
le caractère 性格	la **psychologie** 心理学	un(e) **psychologue** 心理学者
la société 社会	la **sociologie** 社会学	un(e) **sociologue** 社会学者

- En ce moment, je m'intéresse à l'histoire de ma famille, à ma **généalogie**.
  私は私の家族の歴史，私の家系に興味がある．
- J'ai acheté une **anthologie** de la poésie française.
  私はフランス語の名詩選を買った．

Entraînement

練習問題1 次の1～5の文章がテキストの内容に合致するものには○印を，合致しないもの，触れていないものには×印をつけなさい.

(1) La biologie est une science classique. ( )

(2) La géologie est la science qui s'intéresse à notre terre. ( )

(3) L'astrologie est une science exacte, pour les savants. ( )

(4) L'ufologie date du XIXe siècle. ( )

(5) La télépathie permet de communiquer par la pensée. ( )

練習問題2 提示した単語の意味を選びなさい .

(1) la japanologie ( )	(a) l'étude des glaciers
(2) la météorologie ( )	(b) l'étude du cœur
(3) la glaciologie ( )	(c) l'étude de la culture japonaise
(4) la cardiologie ( )	(d) l'étude du temps qu'il fait
(5) la biologie ( )	(e) l'étude de la vie
(6) l'océanologie ( )	(f) l'étude des nombres
(7) la numérologie ( )	(g) l'étude des minéraux
(8) la virologie ( )	(h) l'étude des océans
(9) la minéralogie ( )	(i) l'étude des virus
(10) la graphologie ( )	(j) l'étude de l'écriture
(11) la criminologie ( )	(k) l'étude des médicaments
(12) la pharmacologie ( )	(l) l'étude scientifique des crimes

（解答 p.204）

Traduction

科学

生物学あるいは地質学のような古典的な学問以外に「擬科学」といわれる学問も存在する．というのは擬科学とは実証されるいかなる現実にも基づいていないからである．もっとも代表的なのは占星術である．これは誕生日によって，人々の将来や個性を予言するものである．UFO 研究は第二次大戦後に生まれた．それは未確認飛行物体に関心を抱くものだ．超心理学はテレパシーのような現象あるいは亡くなった人々とのコミュニケーションを研究する．これらの「新しい科学」を信じるべきか信じざるべきか，その答えは各自の判断に委ねられている．

Note

hormis：「～以外は，～を除いて」
pseudo-：「擬・偽・仮」の意を表わす．
appartenir (v.t.)：「～の所有になる，～に属する」

suffixe -ment

接尾辞 -ment はラテン語女性名詞 mens「心情，精神」の奪格 mente に由来し，形容詞女性形につき副詞になる．「～の仕方で，～のように」の意．

Chère famille d'accueil,

Je voudrais vous remercier de m'avoir reçue si **gentiment** pendant six mois, dans votre famille, à Grenoble. Si je parle français presque **couramment** maintenant, c'est grâce à vous tous, **vraiment** ! Au début, communiquer avec vous était **terriblement** difficile, mais vous m'avez toujours aidée **patiemment** ! Un grand merci ! J'espère que vous pourrez venir au Japon, comme promis. Ma famille vous y attend !

Bien **amicalement**,

Sayaka

（訳 p.156）

mots-clefs

副詞	⇔	形容詞
gentiment 優しく	←	gentil(le) 優しい
couramment 流暢に	←	courant(e) 普通の，日常の
vraiment 本当に	←	vrai(e) 本当の
terriblement ひどく	←	terrible 恐ろしい，ものすごい
patiemment 忍耐強く，根気よく	←	patient(e) 忍耐強い
amicalement 友情をこめて	←	amical(e) 親しみのこもった

En plus

接尾辞 -ment はラテン語女性名詞 mens の格変化の一つである奪格 ment「～によって」の意に由来している．この名詞を修飾する形容詞は当然名詞の性・数に一致させる必要があるので，形容詞は女性形になり，e をつける結果 -ement になる．

原則：女性単数形＋ ment

amical → amicale → **amicalement** 友情をこめて

語尾　-e : ment

aimable → **aimablement** 愛想よく

語尾　-ai, -é, -u : 男性形＋ ment

poli → **poliment** 丁寧に

absolu → **absolument** 絶対に

3 音節以上　-e : ément

précise → **précisément** 正確に

語尾　-ent : emment

prudent → **prudemment** 慎重に

ただし lent → **lentement** ゆっくりと

語尾　-ant : amment

méchant → **méchamment** 意地悪く

不規則　gentil : ment

gentil → **gentiment** 優しく

- Eric est **vraiment** doué : il parle **couramment** 5 langues.
  エリックは本当に才能がある．彼は 5 ヶ国語を流暢に話す．

名詞，間投詞，副詞などにつくことがある．

gamin 子供 → **gaminement** 子供のように

bougre 畜生，へえ → **bougrement** すごく，ひどく

quasi ほぼ，～も同然 → **quasiment** ほぼ，ほとんど

Entraînement

練習問題1 次の1～5の文章がテキストの内容に合致するものには○印を，合致しないものには×印をつけなさい.

(1) Sayaka est originaire de Grenoble. (　　)

(2) Sayaka est restée un semestre dans cette famille. (　　)

(3) Sayaka a tout de suite bien communiqué avec cette famille. (　　)

(4) Sayaka parle désormais très bien français grâce à cette famille. (　　)

(5) La famille d'accueil de Sayaka doit venir au Japon. (　　)

練習問題2 次の語の中から適切な語を選び，文を完成させなさい.

(1) J'aime (　　) ce tableau de Monet.

(2) Pouvez-vous parler plus (　　), je ne comprends pas.

(3) Théo n'étudie guère (　　) à la fac.

(4) Maman chante (　　) une berceuse pour endormir bébé.

(5) Nous voyageons (　　) en première classe.

(6) Les invités sont partis (　　) à la fin du repas.

(a) doucement　(b) énormément　(c) lentement
(d) rarement　(e) rapidement　(f) sérieusement

（解答 p.205）

Traduction

受け入れ家族の皆さんへ

グルノーブルであなた方ご家族が 6 ヶ月間非常に優しく私を受け入れてくださったことにお礼申し上げます．今ではかなり流暢にフランス語を話せるようになったのは本当にあなた方皆さんのお陰です．最初はあなた方とコミュニケーションをとることはとても難しかったのですが，根気よくあなた方が常に私を助けてくださいました．本当に有り難うございます！お約束したようにあなた方が日本に来られることを切望しています．私の家族もあなた方を日本で待っています．敬具

さやか

Note

Si je parle français presque couramment maintenant, c'est grâce à vous tous, vraiment.：ここの Si は「もし～ならば」の意ではなく，Si ＋事実の提示，c'est 主節で理由の説明の構文.「私が今ではかなり流暢にフランス語を話せるのは，それは本当にあなた方皆さんのお陰です」

communiquer avec vous était terriblement difficile, mais vous m'avez toujours aidée patiemment !：主語は communiquer avec vous．aidée の語尾の e は直接目的語 me (m') の性・数に一致し，女性形になっている．

suffixe -phone

合成語要素 -phoneはギリシア語 phōnē「声，音」に由来し，「音，声，話す」の意．日本人については japonophone, nippophone「日本語話者」の両方が用いられる．

Bilingue, trilingue

Beaucoup d'étudiants rêvent, pour des motifs très différents, de faire un long séjour à l'étranger. Mireille veut étudier dans un pays **anglophone** car, plus tard, elle désire travailler dans la diplomatie internationale. Eric, lui, veut être bénévole pour une ONG, dans un pays africain **francophone**. Cristiano voudrait passer un an à Lisbonne car ses grands-parents sont **lusophones**. Myriam rêve de faire un stage à Moscou car elle veut devenir **russophone**. Loïc, lui, pense qu'il faudra être **sinophone** car la Chine est un pays en plein développement. Tous ont raison car parler deux ou plusieurs langues est vraiment un avantage sur le marché du travail. (訳 p.160)

mots-clefs

anglophone 英語話者 ← (anglais + phone)
francophone フランス語話者 ← (français + phone)
lusophone ポルトガル語話者 ← (lusitanien + phone)
russophone ロシア語話者 ← (russe + phone)
sinophone 中国語話者 ← (chinois + phone)

En plus

接尾辞 -phone, -phonie は「音，声，話す」の意.

(la) **cacophonie** 不協和音（caco- はギリシア語 kakós に由来し，「悪い，不快な」の意.）

(un) **germanophone** ドイツ語話者

(un) **homophone** 同音異義語（homo- はギリシア語 homós「似た，同じ」に由来.）

- Les mots français « conte » et « compte » sont **homophones**.
  フランス語の conte（短編小説）と compte（計算，勘定）は同音異義語である.

(la) **francophonie** フランス語圏

- Le 20 mars est la journée mondiale de la **Francophonie**.
  3月20日は国際フランコフォニーの日である.

aphone (a + phone) 声が出ない（a はギリシア語接頭辞に由来し，「否定，欠如」の意.）

- Je suis **aphone** car j'ai pris froid hier.
  私は声が出ない，というのは昨日風邪をひいたからです.

-phone は「電話」の意.

(un) **microphone** マイクロフォン（合成語要素 micro- は「小さい，極小」の意.）

(un) **téléphone** 電話（合成語要素 télé はギリシア語 têle「離れて」に由来し，「遠く離れた，遠隔」の意.）

(un) **interphone** インターフォン（inter はラテン語接頭辞で，「間，間隔」の意）

(un) **saxophone** サクソフォン（Sax はフルート奏者兼楽器製作者）

対応する形容詞語尾は -phonique「騒音の，音声の」の意.

- La première émission **stéréophonique** date de 1884.
  最初のステレオ放送は1884年にさかのぼる.

Entraînement

練習問題1 次の1～5の文章がテキストの内容に合致するものには○印を，合致しないものには×印をつけなさい．

(1) Mireille voudrait bien parler anglais couramment. (　　)

(2) Eric travaille déjà dans un pays francophone, en Afrique. (　　)

(3) Les parents de Cristiano sont portugais. (　　)

(4) Myriam a très envie de bien parler russe. (　　)

(5) Loïc pense que le chinois est une langue qu'il faut parler. (　　)

練習問題2 (1) ～ (6) の説明を読み，(a) ～ (f) の中から適切な語を選びなさい．

(1) Appareil permettant de communiquer à distance. (　　)

(2) Instrument de musique de la famille des percussions. (　　)

(3) Qui se prononce de la même façon. (　　)

(4) Appareil permettant d'enregistrer des sons. (　　)

(5) Personne qui parle japonais. (　　)

(6) Instrument à vent. (　　)

(a) homophone　(b) japonophone　(c) magnétophone
(d) saxophone　(e) téléphone　(f) xylophone

（解答 p.205）

Traduction

バイリンガル，トリリンガル

学生達は非常にさまざまな動機で外国に長期間滞在することを夢見る．ミレーユは英語圏の国に留学したがっている．というのは彼女は将来，国際的な外交官の職に就くことを望んでいる．エリックはといえば，彼はフランス語圏のアフリカの国で NGO でボランティア活動することを望んでいる．クリスティアーノはリスボンで一年間過ごしたいと思っている．というのも，彼の祖父母はポルトガル語話者であるからだ．ミリアムはモスクワで研修することを望んでいる．というのは彼女はロシア語話者になりたいのだ．ロイックは中国語を話せるようにならなければならないと考えている．というのは中国はめざましい発展を遂げている国だからだ．すべての人の考えはもっともである．というのは，二ヶ国語あるいは数ヶ国語を話すことは労働市場において優位だからである．

Note

en plein développement：「発展の真っ最中」

ONG：Organisation non gouvernementale. 英語では NGO だが，フランス語では形容詞は名詞の後に置かれる．「非政府組織」の意．

suffixe -té(-ité,-eté)

接尾辞 -té(-ité, -eté) はラテン語女性名詞語尾 -itās, -ātis に由来し，「性質，属性」を表わす．

Liberté, égalité, fraternité !

Robespierre, le célèbre révolutionnaire, imagina, dans un discours en décembre 1790, la devise « **liberté**, **égalité**, **fraternité** ». La formule plut beaucoup aux Parisiens qui, dès 1793, peignirent sur leur maison : « **unité**, **indivisibilité** de la République ; liberté, égalité ou la mort ». Puis la devise passa de mode. Les 3 mots de Robespierre réapparurent dans la Constitution de 1848, la « fraternité » faisant son retour sous l'influence de l'Église catholique. Pendant la IIIe république, on préféra « **solidarité** » au mot « fraternité », mot qui ne faisait pas l'**unanimité** car jugé trop religieux. Finalement, il faudra attendre 1946 pour que la devise de Robespierre soit définitivement inscrite dans la Constitution française. （訳 p.164）

mots-clefs

(la) **liberté** 自由	←	libre 自由な
(l') **égalité** 平等	←	égal(e) 等しい
(la) **fraternité** 博愛	←	fraternel(le) 兄弟（姉妹）の
(l') **unité** 統一	←	un(e) 一つの
(l') **indivisibilité** 不可分	←	(la) division 分割
(la) **solidarité** 連帯	←	solidaire 連帯している
(l') **unanimité** 全員一致	←	unanime 全員一致の

En plus

この接尾辞 -té（-ité, -eté）は形容詞から作られ，物の「性質，属性」を表わす．

dur 硬い → la **dureté** 硬さ，厳しさ
beau 美しい → la **beauté** 美しさ
national 国家の → la **nationalité** 国籍
ancien 古い → l'**ancienneté** 勤続年数，在職年数
méchant 意地悪な → la **méchanceté** 意地悪
libre 自由な → la **liberté** 自由
fier 尊大な → la **fierté** 誇り
pauvre 貧しい → la **pauvreté** 貧乏
actif 活動的な → l'**activité** 活動，活力
bon よい → la **bonté** 善意，親切

Entraînement

練習問題1 次の1～5の文章がテキストの内容に合致するものには○印を，合致しないものには×印をつけなさい．

(1) Robespierre est l'auteur de la célèbre devise : liberté, égalité, fraternité. (　　)

(2) Ces trois mots ont été adoptés tels quels par les Parisiens dès 1790. (　　)

(3) Le mot « fraternité » a été remplacé par celui de « solidarité » pendant la IIIe République. (　　)

(4) Ces trois mots ont été inscrits dans la Constitution française en 1848. (　　)

(5) Ces trois mots forment la devise officielle de la République française depuis 1848. (　　)

練習問題2 下の語の中から適切な語を選び，文を完成させなさい．

(1) « J'adore la (　　) de cette sauce ! » dit le critique gastronomique.

(2) « Je déteste la (　　) de ce film ! » dit le critique de cinéma.

(3) « J'adore la (　　) de ce violon ! » dit le critique musical.

(4) « J'ai beaucoup aimé votre (　　) ! » dit le journaliste à l'homme politique.

(5) « Je déteste votre (　　) dans la classe ! » dit le professeur à ses étudiants.

(6) « La (　　) est indispensable entre nous ! » dit le syndicaliste.

(a) passivité　(b) sincérité　(c) étrangeté　(d) légèreté
(e) solidarité　(f) brutalité　(g) nationalité　(h) musicalité

（解答 p.206）

Traduction

自由，平等，博愛

有名な革命家ロベスピエールは，1790年12月の演説の中で，「自由，平等，博愛」のスローガンを思いついた．この名文句はパリの人々を大いに喜ばせた．1793年以来，パリの人々は自分たちの家の玄関に「共和国の統一，不可分」すなわち「自由，平等あるいは死」と描いた．それからこのスローガンは流行った．ロベスピエールのこの3語は1848年の憲法の中に盛り込まれた．博愛はカトリック教会の影響下で出現したのである．第三共和制の間，「連帯」という語のほうが「博愛」よりも好まれた．「博愛」は全員一致ではなく，余りに宗教的だと判断されていたからである．結局，ロベスピエールのスローガンがフランス憲法に最終的に記載されるのは1946年まで待たなければならなかった．

Note

imagina：「思いついた」imaginer の単純過去．
devise (n.f.)：「標語，スローガン，格言」
peignirent：peindre (v.t.)「描く」の単純過去．

suffixe -thèque

接尾辞 -thèque はギリシア語 thēke「箱」に由来し，「箱，戸棚，（本などの）保管所」の意．

Passe-temps

Dans la famille, nous avons tous des goûts différents. Grand-mère aime, pour se distraire, aller à la **bibliothèque** du quartier pendant que Grand-père va à la **cartothèque** de la mairie. Ma sœur attend le samedi soir avec impatience pour aller danser en **discothèque**. Mon petit frère de 7 ans, lui, donne rendez-vous à ses copains à la **ludothèque** de la MJC. Le passe-temps favori de mes parents, c'est d'aller regarder un vieux film à la **cinémathèque**. Moi, je vais souvent à la **médiathèque** de mon lycée pour trouver des documents sur... les *australopithèques*.

（訳 p.168）

mots-clefs

une **bibliothèque**	図書館	←	（語基 biblio「本」の意）
une **cartothèque**	地図資料室	←	(une) carte 地図
une **discothèque**	ディスコ	←	(un) disque レコード，CD
une **ludothèque**	児童館	←	（語基 lud-,lus-「遊ぶ，演ずる」の意）
une **cinémathèque**	フィルムセンター	←	(le) cinéma 映画
une **médiathèque**	視聴覚ライブラリー	←	(un) média マスメディア

En plus

接尾辞 -thèque は物を並べる家具を表わす.

- J'ai une belle **bibliothèque** en chêne, dans mon salon.
  私の居間には樫でできたきれいな書棚がある.

同様に芸術的なものを楽しむ建物を表わす.

- La **cinémathèque** de Paris possède de très vieuxfilms.（映画）
  パリのフィルムライブラリーはとても古い映画を所蔵している.
- Et si on allait à la **discothèque**, ce soir ?（音楽）
  それでは今夜ディスコに行きませんか？
- Je vais à la **bibliothèque** pour emprunter des romans.（書籍など）
  私は小説を借りるために図書館へ行きます.

同様に物を並べる場所を表わす.

- Vous trouverez un documentaire sur la France, à la **vidéothèque** de l'université.
  あなたは大学のビデオ・ライブラリーでフランスに関する資料を見つけられるでしょう.

動物園（博物館）で動物のはく製や骨格，写真を見せる場所を表わす.

- Et si on allait à la **zoothèque** avec les enfants, demain après-midi ?
  それでは明日の午後，子供達をつれて動物博物館に行きませんか？

Entraînement

練習問題1 次の1～5の文章がテキストの内容に合致するものには○印を，合致しないものには×印をつけなさい．

(1) Dans cette famille, tout le monde a les mêmes goûts. ( )

(2) Grand-père aime beaucoup regarder des cartes postales. ( )

(3) La sœur adore aller danser le vendredi soir. ( )

(4) Le petit frère aime jouer avec ses amis. ( )

(5) Grand-mère veut s'instruire en lisant des livres. ( )

練習問題2 各々の目的のために最も適切な場所を選びなさい．

(1) des jeux de cartes ( )	(a) à la bibliothèque
(2) un squelette de mammouth ( )	(b) à la cartothèque
(3) des mangas japonais ( )	(c) à la ludothèque
(4) un CD-ROM d'anglais ( )	(d) à la cinémathèque
(5) un vieux film en noir et blanc ( )	(e) à la médiathèque
(6) un tableau ( )	(f) à l'artothèque
(7) un roman de Balzac ( )	(g) à la bédéthèque
(8) un planisphère ( )	(h) à la phonothèque
(9) une ancienne émission de radio ( )	(i) à la zoothèque
(10) une sculpture ( )	(j) à la glyptothèque

（解答 p.207）

Traduction

趣味

私たち家族は皆それぞれ異なった趣味を持っている．祖父が市役所の地図資料室に行っている間，祖母は気晴らしをするために地域の図書館に行く．私の姉はディスコで踊るために土曜日の夜を首を長くして待っている．７歳になる私の弟はといえば青少年文化センターの児童館で友達と会う約束をしている．私の両親の大好きな趣味はフィルムライブラリーに古い映画を見に行くこと．私はといえばアウストラロピテクス（原人）についての資料を見つけるためにリセの視聴覚ライブラリーにしばしば行くことだ．

Note

MJC：maison des jeunes et de la culture「青少年文化センター」
australopithèque：この -thèque は接尾辞ではなく，ギリシア語の pithēkos「猿」に由来する．

Pour aller plus loin !

接尾辞 -ard は古高ドイツ語 hart「硬い，強い」に由来し，多くは軽蔑的に「～に属する人，～の性質をもつ人」の意．Bernard などのように人名語尾にもなる．

bave よだれ → **bavard(e)** おしゃべり，口の軽い人
pleurer 泣く → un enfant **pleurnichard**
絶えず泣き言を言う子供
un(e) **banlieusard(e)** パリ郊外の住民；郊外居住の通勤者
un fleuve **montagnard** 山地の河
du **pinard**（俗語で）安っぽいワイン
un **costard**（男性用の）背広，スーツ
Marc est un vrai **chauffard**. Il ne sait pas conduire.
マルクは本当に無謀な運転手だ．彼は運転の仕方を知らない．

- Mon cousin est né à Chamonix. C'est un vrai **Savoyard**.
  私の従兄弟はシャモニー生まれだ．本物のサヴォァア地方の人間だ
- J'ai sommeil : je vais au **plumard** !
  私は眠い．私は寝る！（＊plumard は俗語で lit の意．）

接尾辞 -crate, -cratie はギリシア語 krátos「力，支配」に由来し，女性名詞語尾で，「統治，支配」の意．

un **bureaucrate** 官僚，官吏，役人
la **bureaucratie** 官僚制度，官僚政治
un **démocrate** 民主主義者
la **voyoucratie** やくざの天下，暴力の支配

- L'**aristocratie** a perdu son pouvoir, face au peuple en 1789.
  貴族政治は1789年に民衆に直面し，力を失った．

接尾辞 -culteur（-trice）はラテン語 cultor「耕作者，農夫」に由来し，名詞語尾で，「栽培者，育成者」の意．

un **agriculteur**　農業従事者　（語基 agri- は「農耕，農業」の意）
un **viticulteur**　ブドウ栽培者　（語基 viti- は「ブドウの木」の意）
une **horticultrice**　園芸家　（語基 horti- は「庭園，菜園」の意）

- Cet **apiculteur** produit un miel excellent.
  この養蜂家はすばらしい蜂蜜を生産する．（語基 api- は「ミツバチ」の意）

接尾辞 -esse はラテン語女性名詞語尾 -itia に由来し，形容詞について「性質，特性」を表わす．

la **gentillesse**　善良，好意
la **grossesse**　妊娠

- Merci beaucoup pour votre **délicatesse** !
  あなたの細やかな心遣いに感謝します．

接尾辞 -gramme はギリシア語 gramma「文字」に由来し，「文字，書かれたもの，グラフ」の意．

un **télégramme**　電報
un **anagramme**　アナグラム　（語基 ana- は「下から上に，後に」の意）

- Au château de Versailles, on peut voir de nombreuses fois le **monogramme** du roi Louis XIV.
  ベルサイユ宮殿ではルイ14世のモノグラムを度々見ることができる．

接尾辞 -ir はラテン語動詞語尾 -ire に由来し，動詞語尾で，形容詞・名詞につき，「～ (の状態) への移行」を表わす．

rouge 赤い → **rougir** 赤くなる
fin 終わり → **finir** 終わる

- Si tu manges trop, tu vas **grossir** !
  食べ過ぎたら太るよ！

接尾辞 -mane はギリシア語 mania「狂っている」に由来し，「熱狂，心酔，精神疾患」の意．

un(e) **mélomane** 音楽好きの，音楽狂いの
un(e) **pyromane** 放火狂 （語基 pyr(o)- は はギリシア語 pyr「火」に由来し，「火，熱，高温」の意）

- Je déteste parler avec mon voisin. C'est un vrai **mythomane**.
  私は私の隣人と話すのは嫌いだ．本当に虚言癖の人なんだ．

接尾辞 -onyme はギリシア語 onomato「（人・物の）名」に由来し，「名，語」の意．

un **antonyme** 反意語 （語基 anti- は「反対，敵対」の意）
un **synonyme** 同義語 （語基 syn- は「共に，同時に」の意）

- « Molière » est le **pseudonyme** de Jean-Baptiste POQUELIN.
  モリエールはジャン＝バティスト・ポクランの偽名である．
  （語基 pseudo- はギリシア語 pseud(o) -pseudes「偽りの」に由来し，「偽，仮，擬」の意）

接尾辞 -oyer はラテン語動詞語尾 -idiāre に由来し，動詞語尾で，「実現，使役」を表わす．

tutoyer ～と君，僕で話す
rude きめの粗さ → **rudoyer** ～を邪険に扱う
emploi 使用 → **employer** 使う

- Arrête de **larmoyer** ! Tu veux m'**apitoyer** ou quoi ?
  涙を流すのを止めてくれ！ 君は僕の同情を引こうとしているのか？

  (larmoyer 涙を流す：larme「涙」+oyer「実現」)
  (apitoyer 憐憫の情を催させる：a+pitié「同情」)

接尾辞 -pathie はギリシア語 páhos「感じるもの，苦しむもの」に由来し，「感じること，病気，療法」の意．

la **sympathie** 共感，親近感
l'**homéopathie** 同毒療法 （語基 homéo- はギリシア語 hómoios「似た」に由来.）

- Est-ce que vous croyez à la **télépathie** ? Moi oui !
  あなたはテレパシーを信じていますか？ 私？信じています．

接尾辞 -phile はギリシア語 philos「友」に由来し，「～を愛する，好む」の意．
接尾辞 -phobe はギリシア語 phobós「恐れ」に由来し，「～を恐れる，嫌う」の意．

francophile フランス好きの，親仏の / **francophobe** フランス嫌いの
xénophile 外国（人）びいき / **xénophobe** 外国（人）嫌いの

- Laura est une vraie **cinéphile** : elle connaît tout sur le cinéma.
  ローラは本当に映画好きだ．彼女は映画の事なら何でも知っている．

接尾辞 -(t)if,-(t)ive はラテン語形容詞・名詞語尾 -ivus, -ivum, -iva に由来し，-atif はラテン語 -ātus に由来し，動詞の語幹につき，「～をする，～するのに適した（人，物）」の意.
他に，形容詞，名詞などにつき，「～の性質をもつ（人，物）」の意.

sport スポーツ → **sportif** (**sportive**) スポーツ好きの
adhérer ～にくっつく → du papier **adhésif** 粘着紙
imperator 最高司令官 → l'**impératif** 命令法

- Je trouve vos propositions très **constructives** pour notre projet.
  私たちの計画に関するあなたの提案はとても建設的だと思う.

接尾辞 -ure はラテン語女性名詞語尾 atūre あるいは ura に由来し，動詞の語幹につき，「行為の結果，行為の手段（道具）」を表わす．形容詞，名詞につき，「性質，状態，性質をもつもの」を表わす.

blesser 傷つける → une **blessure** 傷，けが，負傷
casser 割る，壊す → une **cassure** 割れ目，裂け目，ひび
brûler 焼く → une **brûlure** やけど

- Comment trouvez-vous ma nouvelle **coiffure** ?
  あなたは私の新しいヘアスタイルをどう思いますか？

接尾辞 -vore はラテン語 vorāre「むさぼり食う」に由来し，「～を食う（物），～を吸収する」の意.

carnivore 肉食性の （語基 car(n)- はラテン語 carō「肉」に由来.）
herbivore 草食性の（herbe はラテン語 herba「茎」に由来.）

• L'homme est **omnivore**.
人間は雑食性である．（語基 omni- は「全，総，全て」の意）

接尾辞 -ade はラテン語女性名詞語尾 āta に由来し，動詞の語幹，名詞につき「行為，行為の結果，場所，集合」を表わす．名詞につき「製品」を表わす．他にラテン語女性名詞語尾 as, adis に由来し，「性質」を表わす．

promener 散歩させる → une **promenade** 散歩
citron レモン → une **citronnade** レモネード
orange オレンジ → une **orangeade** オレンジエード
peupler 人を住まわせる → une **peuplade** 未開原住民の集団

• Cette viande de bœuf sera très bonne en **grillade**.
この牛肉はグリル焼きにするととても美味しいだろう．

接尾辞 -age はラテン語男性名詞語尾 āticus に由来し，動詞の語幹につき，「行為，行為の結果」を表わす．名詞，形容詞につき，「性質」を表わす．

atterrir 着陸する → (l') **atterrissage** 着陸
décoller 離陸する → (le) **décollage** 離陸
garer 駐車する → le **garage** 車庫
feuille 葉 → le **feuillage**（集合的に１本の木の）葉
blanc 白い → le **blanchissage** クリーニング

• Mon chien a un très beau **pelage**.
私の飼い犬はとてもきれいな毛並みをしている．

接尾辞 -ible はラテン語形容詞語尾 -ībilis に由来し，動詞の語幹につき，「〜できる，しやすい」の意．名詞につき，「〜を引き起こす，〜をもたらす，〜の性質をもつ」の意．

exiger 要求する → **exigible** 要求できる
nuire 傷つける → **nuisible** 有害な
sens 感覚 → **sensible** 敏感な

- Est-ce que ce champignon est **comestible** ?
  このキノコは食べられますか？

接尾辞 -al, -ial はラテン語名詞・形容詞語尾 ālis に由来し，「〜に関する（人，物），〜的な（人，物）」の意．

monde 世界 → **mondial** 世界の
matin 朝 → **matinal** 朝の
docteur 医師，博士 → **doctoral** 博士の

- Je fais de la bière de manière **artisanale**.
  私は手作りでビールを造る．

接尾辞 -el, -elle はラテン語名詞・形容詞語尾 ālis に由来し，名詞について，「〜に関する，〜の性質をもつ」の意．

opération 操作，手術 → **opérationnel(le)** 使える，操作の
profession 職業 → **professionnel(le)** 職業の

- Les Français ont cinq semaines de congés **annuels**.
  フランス人は年間 5 週間の有給休暇がある．

接尾辞 -é, -ée はラテン語形容詞語尾 -ātus, -āta に由来し，名詞について，「特性，職務」の意．名詞，動詞の語幹につき「行為，行為の結果」を表わす．

comte 伯爵 → **comté** 伯爵領
aile 翼 → **ailé(e)** 翼のある
chocolat チョコレート → **chocolaté(e)** チョコレート入りの
durer 続く → la **durée** 期間
trouer 穴をあける → une **trouée** 抜け道，抜け穴

- Mettez une **pincée** de sel dans la soupe.
  スープに塩を 1 つまみ入れなさい．

接尾辞 -er は，ラテン語第1変化動詞語尾 -āre に由来し，形容詞，名詞につく．

vide 空の → **vider**（場所を）あける，空にする
arbitre 審判員 → **arbitrer** 審判をする

Testez-vous !

皆さんの語彙の知識，特に単語の構成の知識を確認するために，辞書を使わずに単語を良く観察して，ちょっとしたゲームと練習問題をやってみましょう．いくつ正解できましたか？　もし必要があれば，本書の中で皆さんにとって必要な部分をもう一度勉強してみてください．フランス語の単語がどのように構成されているかを知ることは仏検の合格に間違いなく役に立つでしょう．

▶ test 01　次の (1) ～ (5) の文章と同義になるように適切な動詞を下記から選び，文章を完成させなさい．

(1) « Merci d'enlever vos souliers avant d'entrer ! »
« Merci de vous (　1　) avant d'entrer ! »

(2) Le Maire vient de découvrir la plaque de cette rue !
Le Maire vient de (　2　) la plaque de cette rue !

(3) Il ne faut pas enfreindre les lois !
Il ne faut pas (　3　) aux lois !

(4) Le docteur : « Veuillez enlever vos vêtements, s'il vous plaÎt ! »
Le docteur : « Veuillez vous (　4　), s'il vous plaÎt ! »

(5) « Est-il possible de changer notre rendez-vous ? »
« Est-il possible de (　5　) notre rendez-vous ? »

déchausser, déformer, dépendre, déplacer, détaxer, déshabiller, désobéir, dévoiler

（解答 p. 208）　☞正解が 3 つ以下のときは p. 021

▶ test 02　仏検2級に出題されるようなミニ会話です．
下記の適切な語を補って文を完成させなさい．

Pierre : Bonjour Madame, vous êtes critique d'art, n'est-ce pas ?

Mme SARY : Oui, je travaille pour un magazine dans lequel

je parle des tableaux que j'aime.

Pierre : Alors, que pensez-vous de celui-ci ?

Mme SARY : J'aime la (1) du visage de la femme et la (2) de son enfant, qui se cache derrière elle.

Pierre : Quelle est, à votre avis, l'(3) de ce peintre ?

Mme SARY : C'est la (4) de son style. Il peut exprimer la (5) d'une feuille dans le vent ou la (6) à vivre d'un personnage avec quelques traits et quelques couleurs.

Pierre : Il y a beaucoup d'(7) dans ses personnages ?

Mme SARY : Oui et de (8) aussi. J'adore Louis TOFFOLI.

Pierre : Il est italien ?

Mme SARY : Non, il a obtenu la (9) française en 1947 .

beauté, difficulté, humanité, légèreté, nationalité, originalité, simplicité, timidité, vérité

（解答 p. 208） ☞正解が 3 つ以下のときは p. 161

▶ test 03 各々の（ ）内に適切な答えを見つけなさい.

Lio est une (1) très jolie et très amusante. Elle aime faire de la (2) sur la route devant chez elle ou bien jouer à la (3) avec ses amies. Elle adore aller passer la journée dans la (4) de ses grands-parents, au bord de la rivière. Elle met une (5) sur sa tête et va pêcher toute la journée. Avec sa grand-mère, elle aime cuisiner les (6) du jardin ou faire des (7) aux fraises.

(1)	① voiturette ② fillette ③ serviette	(2)	① fourchette ② boulette ③ bicyclette
(3)	① dînette ② barquette ③ savonnette	(4)	① buvette ② couette ③ maisonnette
(5)	① casquette ② chaussette ③ bavette	(6)	① bûchettes ② miettes ③ courgettes
(7)	① tablettes ② cigarettes ③ tartelettes		

（解答 p. 208） ☞正解が 3 つ以下のときは p. 113

▶ test 04 辞書を使わずに各々の動詞を良く見て，各々の動詞の同義語を見つけなさい．

(1) Le ciel s'assombrit : il va pleuvoir.

1. se dégage　　2. s'éclaircit　　3. se noircit

(2) Pierre, tu dois finir ton pain sinon pas de dessert !

1. avaler　　2. dévorer　　3. manger tout

(3) Notre magasin a agrandi ses bénéfices l'an dernier.

1. augmenté　　2. réduit　　3. fait

(4) Le quartier de cette ville a été anéanti durant la guerre.

1. construit　　2. détruit　　3. rénové

(5) Partir en Afrique ou au Mexique, je ne peux pas choisir !

1. décider　　2. changer　　3. savoir

(6) Faites attention ! Vous allez vous salir !

1. dépêcher　　2. tacher　　3. brûler

(7) Je trouve que Simon a vieilli !

1. pris du poids　　2. pris de l'âge　　3. pris du ventre

（解答 p. 209）→　正解が 3 つ以下のときは p. 171

▶ test 05　各々の文の適切な訳を選びなさい.

(1) Dans ce pays, les gens sont pauvres et souvent illettrés.

1. この国では人々は貧しく，多くは文学好きである.
2. この国では人々は貧しく，多くは手紙好きである.
3. この国では人々は貧しく，多くは文盲である.

(2) Je trouve l'attitude de Luc complètement irresponsable.

1. 私はリュックの態度は完全に無責任だと思う.
2. 私はリュックの態度は完全に責任を感じていると思う.
3. 私はリュックの態度は完全に責任を転嫁していると思う.

(3) Ce plat est vraiment immangeable. Faites venir le cuisinier !

1. この料理は食べ過ぎてしまう．料理人を呼んでください.
2. この料理は本当においしい．料理人を呼んでください.
3. この料理は本当に食べられたものではない．料理人を来させなさい.

(4) Votre visite était inattendue, mais je suis vraiment ravi !

1. あなたの訪問を待っていた．そして私はとても嬉しい.
2. あなたの訪問を待っていなかった．でもとても嬉しい.

3. あなたの訪問は思いがけなかった．でもとても嬉しい．

（解答 p. 209）→　正解が 3 つ以下のときは p. 033

▶ test 06　合っているほうにチェックを入れなさい．

(1)　préfixe « a » で始まる語

	oui	non
(a)　anormal	□	□
(b)　abricot	□	□
(c)　aspirateur	□	□
(d)　apolitique	□	□
(e)　atypique	□	□

(2) suffixe « esse » で終わる語

	oui	non
(f)　fesse	□	□
(g)　richesse	□	□
(h)　vieillesse	□	□
(i)　caresse	□	□
(j)　intéresse	□	□

（解答 p. 209）→　正解が 3 つ以下のときは p. 001, 170

練習問題の解答と訳

Préfixe a- (p.003)

練習問題1　(1) ×　(2) ×　(3) ○　(4) ○　(5) ○

(1) カポエイラは前世紀に始まる芸術である.（いいえ，カポエイラは18世紀に始まる.）
(2) カポエイラはポルトガルに由来する.（いいえ，カポエイラはブラジルに由来する.）
(3) カポエイラの動きは動物の動きを真似ている.
(4) カポエイラをすることは体を柔らかくする.
(5) この戦意を高揚する芸術は音楽にあわせて行われる.

練習問題2　(1) a　(2) e　(3) b　(4) f　(5) d　(6) c

1. 一緒に行く　2. 一緒に置く　3. 名前のない　4. 神のない
5. もっと賢くする　6. もっと貧しくする

練習問題3　(1) accroître　(2) abaisser　(3) atterrir

(1) 私たちは国の富を増やす.
(2) 価格をもっと下げなければならない.
(3) 私たちは3分後に着陸するでしょう.

Préfixe anti- (p.007)

練習問題1　(1) ×　(2) ○　(3) ○　(4) ○　(5) ○

(1) エコロジーは第二次大戦後以来，フランスでは政治のテーマである.（いいえ，70年代に政治のテーマになった.）
(2) 環境保護の観念は70年代初めには少数派であった.
(3) 公害とタバコの煙の問題はエコロジーの観念を普及させた.
(4) 自然農業，それはエコロジーの支持者が求めているものである.
(5) 人類の将来は調和のとれたエコロジーの発達とリンクしている.

練習問題2　(1) h　(2) d　(3) g　(4) e　(5) f　(6) a
(7) b　(8) c

(1) 錆止めペイント
(2) （スポーツで）興奮剤使用禁止の検査

(3)（顔用に）しわ防止クリーム
(4)（警察の）ギャング取り締まり部隊
(5) 感じの悪い人
(6) 抗生物質薬
(7)（オートバイ乗りの）衝撃吸収ヘルメット
(8) 反共産主義の政党

Préfixe biblio- (p.011)

練習問題1　(1) ○　(2) ○　(3) ×　(4) ×　(5) ×

(1) 移動図書館はこの村に月に一度一日中止まる.
(2) 住民の誰もが本を借りることができる.
(3) 2ヶ月間，本を借りることができる.
（いいえ，次の巡回まで1ヶ月間借りることができる.）
(4) 最も近い図書館は日に一時間しか開かない.
（いいえ，最も近い図書館は車で一時間かかる.）
(5) 移動図書館では貴重書を買うことができる.
（いいえ，貴重書は本屋で買うことができる.）

練習問題2　(1) a　(2) b　(3) c　(4) d　(5) a　(6) e

(1) 私の家ではマホガニー材でできた，とてもきれいな書棚がある.
(2) 移動図書館が教会の前に着いたばかりだ．行きましょう！
(3) 私の父は蔵書狂です．見かけた本は何でも収集します.
(4) 私の母は愛書家です．彼女は貴重書や古書を好む.
(5) 私たちの地域の図書館はとても近代的な建物です.
(6) 書物治療のおかげで，病気の子供たちを救うことができる.

Préfixe co- (p.015)

練習問題1　(1) ○　(2) ○　(3) ×　(4) ○

(1) 共同借家人になることは両親ともはや住まないことを可能にする .
(2) 共同借家人であることは他人とアパルトマンを管理する必要がある.
(3) 共同借家においてはアパルトマンの最も古い借家人によってすべては決定される.

（いいえ，年齢を考慮せず，全てのことについて共同管理し，共同決定する.）
(4) 共同運送は運送費用に関して節約することを可能にする.

練習問題2 (1) ○ : 協力 (2) ○ : 刑務所仲間 (3) × : 喜劇
(4) × : 綿 (5) ○ : 仲間 (6) ○ : 共同管理者
(7) × : 接着剤 (8) × : カクテル (9) ○ : 同国人
(10) × : 美容師

Préfixe contre- (p.019)

練習問題1 (1) ○ (2) ○ (3) × (4) ○ (5) ×

(1) いくつかの国では非常に安い価格で高級品の模造品を買うことは可能である.
(2) これらの模造品はしばしば本物にそっくりだ.
(3) これらの贋物をもつことは合法である.（いいえ，贋物を持つことは違法である.）
(4) 旅行から帰ってきた時にこれらの贋物を持ち込むととても高い罰金に相当することもある.
(5) 贋物を買うというのはいい考えだ.（いいえ，贋物を買うのは間違っています．というのは罰金を払うことになります.）

練習問題2 (1) a (2) f (3) c (4) d (5) b (6) e

(1) 君の考えは他の人とは反対方向に行っている.（反対方向に）
(2) ピエールは疲れている．それは彼の病気の影響だ.（間接的影響）
(3) この時計は模造品だ.（偽造）
(4) 私たちはトラブルに遭った．これが私たちの遅れた理由です.（不測の事態）
(5) マリーは心理カウンセラーに会いに行った．しかし大いにためらって.（不承不承，しぶしぶ）
(6) 君はこの単語をこんな風に訳す間違いをしたのだ.（誤訳）

Préfixe dé- (p.023)

練習問題1 (1) × (2) ○ (3) ○ (4) ○ (5) ×

(1) この人の名前はマリーである.

（いいえ，この人はマリーの洋服ダンスとベッドを分解しなければならないと言っているのです.）

(2) この人は近々住居を変える予定だ.

(3) 彼女は気をしっかりもっていなければならない．というのはしなければならないことがたくさんあるからだ.

(4) 彼女は冷蔵庫を解凍して，冷蔵庫の中を空にしなければならない.

(5) 彼女は電話を設置したがっている.（いいえ，この人は引越しをするので電話の回線を切りたがっているのです.）

練習問題2　(1) b　(2) b　(3) b　(4) b　(5) a　(6) a

(1) 医者：ワイシャツのボタンをはずしてください．診察します.

(2) インテリアデザイナー：壁紙を貼り，模様替えしましょう.

(3) 小学校教諭：君は両親の言うことを良く聞かなければなりません.

(4) 空港での旅行者：免税手続の事務所はどこですか？

(5) 美容師：海藻エキスの入ったシャンプーをしましょうか？

(6) 母親：きれいに食べなさい．でなければ，君のセーターにシミがつくわよ.

Préfixe dis- (p.027)

練習問題1　(1) ○　(2) ×　(3) ○　(4) ○　(5) ○

(1) ツール・ド・フランスはサイクリストの自転車競技である.

(2) このレースは1ヶ月以上続く.（いいえ，このレースは22日間続きます.）

(3) この数年はドーピングが問題になった.

(4) このレースの勝者は黄色のジャージを着る.

(5) このレースに勝つためには速くて，優れた山登りの選手でなければならない.

練習問題2　(1) f　(2) c　(3) g　(4) e　(5) b
(6) a　(7) d

(1) このランナーはドーピングで失格です.

(2) この男性は無実だった．泥棒は彼ではなかった.

(3) この女性は自分の身分証を警察官に隠していた.

(4) この冒険家はジャングルで消息不明になった.

(5) ピエールは本当に不作法だ．彼は礼儀正しくない.

(6) A 点から B 点へ破線を引くこと.

(7) メラニーは醜い顔をしている．彼女は可愛くない．

Préfixe em-, en- (p.031)

練習問題1　(1) ×　(2) ×　(3) ○　(4) ○　(5) ○

(1) ギアナはフランスの中にある県である．
（いいえ，ギアナはフランスの海外県である．）
(2) 昔フランスはすべての囚人をギアナに送っていた．
（いいえ，フランスはギアナに徒刑囚しか送っていなかった．）
(3) ギアナでは徒刑囚たちは劣悪な状態で生活していた．
(4) ギアナに送られた徒刑囚たちは決してフランスに戻れなかった．
(5) 今日ギアナはアリアンロケットの発射場所である．

練習問題2　(1) b　(2) c　(3) a　(4) f　(5) e　(6) d
(7) g　(8) i　(9) h

(1) 良い答えを固めている
(2) 庭を囲む
(3) 絵を額縁に入れる
(4) ワインを瓶詰めにする
(5) 箱を積み上げる
(6) お金を受け取る
(7) 動物を太らせる
(8) チューリップを鉢に入れる
(9) 傘を持って行く

Préfixe il-, im-, in-, ir- (p.035)

練習問題1　(1) ×　(2) ○　(3) ○　(4) ○　(5) ×

(1) 地球のために環境問題を考慮する必要はない．
（いいえ，地球の環境問題を考慮する必要がある．）
(2) 将来，地球の空気はますます汚染されるだろう．
(3) 地球は飲料水が不足するだろう．
(4) これらの諸問題を回避するためには各々が注意しなければならない．

(5) 地球を救うのには余りにも遅すぎる.
(いいえ,「地球を救うのは不可能ではない」とこのテクストの著者は書いている.)

練習問題2　(1) b　(2) c　(3) g　(4) h　(5) e　(6) a
(7) d　(8) f

(1) 君の字は読みにくい. 私は何も理解できない.
(2) このレストランの食事は食べられたものではない.
(3) 気を付けて, 君の計算は不正確だ. 計算間違いをしている.
(4) このスマートフォンは修理できない. 新しい物を買った方がいい.
(5) この魚は売り物にならない.
(6) 気を付けて, このビザで働くことは違法です.
(7) ジュリーは年の割に幼稚です.
(8) 面白くて, 給料の良いこの仕事を見つけることは私には思いがけないことでした.

Préfixe mal- (p.039)

練習問題1　(1) ○　(2) ○　(3) ○　(4) ○　(5) ×

(1) ホームレスは住むことに多くの困難を抱えている.
(2) 彼らは住居を借りるのに十分なお金を稼いでいない.
(3) 彼らは保護センターに行くことを好まない.
(4) ホームレスは彼らの人生においてしばしば問題を抱えている.
(5) フランスでは誰もホームレスを助けない. (いいえ, 多くの団体がホームレスを援助している.)

練習問題2　(1) a　(2) b　(3) a　(4) b　(5) a

(1) この時計屋は指先が本当に器用だ. 彼は私の腕時計を修理した.
(2) このテーブルは汚れている. きれいにしなければならない.
(3) 私はとてもついている. 私はロトで勝ったばかりだ.
(4) 私の叔母に大きな不幸があった. 彼女の飼っていた猫が死んだ.
(5) 私の隣人は誠実ではない. 私は彼に100ユーロ貸したが, 彼は私に返さない.

Préfixe mi- (p.043)

練習問題1 (1) ○ (2) ○ (3) ○ (4) ○ (5) ×

(1) この話はパリでの話だ.
(2) マリーはしばしばとても遅れる.
(3) マリーは若く見える.
(4) この話は真夜中の話だ.
(5) マリーは日本人だ.（いいえ，マリーのバイクが日本製です.）

練習問題2 (1) f (2) b (3) d (4) e (5) a
(6) c (7) g

(1) 赤ちゃんは半ば目を閉じている. 彼はすぐ眠るだろう.
(2) オーストラリアは南半球に位置している.
(3) 我々のサッカーチームは準決勝で負けた.
(4) この囚人は模範囚で外出を許可された.
(5) 私が私の身の上話をしていた時ピエールはどっちつかずの様子であった. 彼は私の話を信じていない.
(6) 私たちの家は街を囲む丘の上の中途半端な高さのところにある.
(7) 私の妻は常に少なくとも30分遅れる.

Préfixes mini- (p.047)

練習問題1 (1) ○ (2) ○ (3) × (4) ○ (5) ○

(1) ジャック・デュトロンはフランス人の歌手である.
(2) 60年代の流行はとても短いスカートだった.
(3) 普通の場所でミニゴルフをする.（いいえ，ミニゴルフと書かれている場所でミニゴルフをする.）
(4) 60年代は南仏には列車で行った. TGV は存在していなかった.
(5) 今や「ミニ」という語はすたれた.

練習問題2 (1) b (2) f (3) c (4) d (5) e (6) a
(7) g (8) h

(1) とても傲慢な人（傲慢な人）

(2) 小さな貸し切りバス（小型バス）
(3) 時間を測る単位（マイクロ秒）
(4) 光を測る単位（マイクロルクス）
(5) 生きているとても小さな組織（細菌）
(6) とても大きな都市（巨大都市）
(7)〈13才以下の〉若いスポーツ選手（少年選手）
(8) 単純さを追求する絵画スタイル（ミニマリズム，最小表現主義）

Préfixes négatifs (p.051)

練習問題1　(1) ×　(2) ○　(3) ○　(4) ×　(5) ○

(1) エリックはコンピューター・エンジニアの仕事を素早く見つけた．（いいえ，エリックは仕事を見つけるのに数ヶ月要した．）
(2) 彼はこの仕事が好きだ．
(3) 彼の仕事をするには集中力が必要だ．
(4) 彼は労働条件にとても満足している．（いいえ，彼は満足していない．彼は社長，職場の雰囲気，給料に不満である．）
(5) エリックは昨日，仕事を辞めて，もっと気持ちよく働ける場所を探している．

練習問題2
(1) asocial（非社交的な）　(2) analphabète（文盲の）
(3) démonter（分解する）　(4) désœuvré（仕事のない）
(5) illégitime（不当な）　(6) impossible（不可能な）
(7) incapable（できない）　(8) malhonnête（不誠実な）
(9) mécontent（不満な）　(10) non-violence（非暴力）

Préfixes numéraux (p.055)

練習問題1　(1) ×　(2) ○　(3) ○　(4) ○　(5) ×

(1) フランス語のすべての月名はラテン語に由来する数詞の接頭辞がついている．（いいえ，すべての月名がラテン語に由来する接頭辞がついているわけではない．たとえば août, mai.）
(2) ラテンの暦では1年は3月から始まる．
(3) フランスでは大統領の任期は5年である．

(4) ビスケットは二度焼きされたお菓子である．
(5) 6人の音楽家が一緒に演奏するのは四重奏を構成する．（いいえ，4人の音楽家が一緒に演奏するのが四重奏を構成する．）

練習問題2　(1) c　(2) d　(3) e　(4) f　(5) a　(6) b

(1) 第三次産業はサービス業の経済部門である．
(2) 正方形は4つの辺がある．
(3) ラミ氏は53才だ．50歳代の人だ．
(4) ルロワ家には6つ子が生まれたばかりだ．彼らに頑張れを！
(5) 日本の高校生はしばしば制服を着用する．
(6) 私は自転車で散歩するのがとても好きだ．

Préfixes multi-, pluri-, poly- (p.059)

練習問題1　(1) ○　(2) ○　(3) ○　(4) ×　(5) ○

(1) アフリカからフランスに来た移民労働者の子供たちは多言語併用者である．
(2) アフリカ人の大部分は多言語使用者である．
(3) フランス語圏のアフリカではフランス語がしばしば学校言語である．
(4) アフリカから来た子供たちはフランスの教育システムに容易に同化する．（いいえ，フランスの教育システムはアフリカの子供たちの文化的多様性を認めていない．）
(5) フランスの学校ではアフリカの子供たちの多言語使用は容認されず，活用できない．

練習問題2　(1) a　(2) c　(3) b　(4) e　(5) d　(6) f

(1) 多くの声で歌を歌える人
(2) 多くの意味をもつこと
(3) 多くの細胞をもつこと
(4) 数年続くこと
(5) 多くの形をもつこと
(6) 多くのメディアを利用すること

Préfixe re-, ré- (p.063)

練習問題1　(1) ○　(2) ×　(3) ○　(4) ○　(5) ○

(1) ヴィクトール・セガレンは水夫である．
(2) 彼はポール・ゴーギャンをよく知っていた．（いいえ，彼はゴーギャンの死後，単に彼の絵画を集めただけです．）
(3) 彼はポール・ゴーギャンの多くの絵を救った．
(4) ゴーギャンはタヒチの静けさをとても愛していた．
(5) ゴーギャンは1903年までタヒチに住んでいた．

練習問題2　(1) g　(2) f　(3) j　(4) b　(5) c　(6) a
(7) i　(8) h　(9) e　(10) d

(1) 私は少しコーヒーをお代わりしようと思う．
(2) 庭の柵を塗り直さなければならないだろう．柵はすっかり錆びついている．
(3) 私たちはあなたに再会できてとても嬉しかった．
(4) 奇術師は兎と鳩を再び現われさせた．
(5) パパは夕食のためにピザを温め直しているところだ．
(6) 隣人が大声を上げたとき，私は反応できなかった．
(7) 冬だ．私はセーターとコートを出そう．
(8) スープに塩を加えよう．かなり塩味が足りない．
(9) 私はスポーツクラブに再登録します．私は太りすぎた．
(10) 私はあなたを庭の出入り口まで見送りましょう．

Préfixes sous- (sub-) (p.067)

練習問題1　(1) ×　(2) ○　(3) ○　(4) ×　(5) ×

(1) 食料不足の問題は第二次世界大戦から始まる．（いいえ，食料不足の問題は遠い昔から世界の歴史の中で存在している．）
(2) テレビは低開発国における食料不足の問題を知らしめた．
(3) サハラ砂漠以南のアフリカは地下に豊富な天然資源を有している．
(4) サハラ砂漠以南のアフリカは地下の多くの天然資源を利用している．（いいえ，サハラ砂漠以南のアフリカは地下の多くの天然資源を利用していない．）
(5) 地球の天然資源は国家間でうまく配分されている．（いいえ，資源の豊かな国と資源の乏しい国がある．）

練習問題2 (1) d (2) b (3) a (4) c (5) g (6) e (7) f

(1) 海中を航行する船
(2) シェフの指示を受ける人
(3) 食物が不足していること
(4) 劣っているとみなされる人間
(5) 下着
(6) 建物の1階の下の部分
(7) 映画のスクリーンに字幕を入れること

Préfixes super- (p.071)

練習問題1 (1) ○ (2) × (3) ○ (4) ○ (5) ○

(1) フランス人は一般に週末に買物をする.
(2) 彼らは地元の小売店で買物をする.（いいえ，彼らはコンビニ，スーパー，ショッピングモールで買物をする.）
(3) 毎日曜日フランスではスーパーマーケットは閉まっている.
(4) 毎日曜日は家族の外出の日に充てられている.
(5) フランス人は毎日曜日にショッピングをしたがっているとははっきりと言い切れない.

練習問題2 (1) b (2) e (3) c (4) f (5) a (6) g (7) d (8) h

(1) 私は運動をしてから絶好調だ.
(2) このスキーヤーは本当にスーパー大回転の競技は上手だ.
(3) このボクサーはライトウェルター級のチャンピオンだ.
(4) 私の好みの英雄はスーパーマンだ.
(5) 私の車はハイオクではなくレギュラーガソリンで走る.
(6) この娘は過敏だ．彼女に話しかける時には注意しなければならない.
(7) 私はスーパーレアリズムの絵画が好きだ．まるで写真のようだ.
(8) 私たちの病院の手術室は超清潔でなければならない，とその外科医は言う.

Préfixe télé- (p.075)

練習問題1　(1) ○　(2) ○　(3) ○　(4) ○　(5) ○

(1) インターネットはフランス語では toile である.
(2) インターネットの普及とともにフランス人はテレビを見なくなっている.
(3) ファックスを送るのは時代遅れだ.
(4) ある家族はウェブカムで自分の子供を見守っている.
(5) インターネットは益々フランス人の生活に重要な位置を占めている.

練習問題2　(1) a　(2) c　(3) d　(4) e　(5) b

(1) 今や電報は殆んど使われない. メールを送る. その方が早いし安上がりである.
(2) 私は望遠レンズで撮ったこの馬の写真がとても好きだ.
(3) 高速道路では, 私はETCを使う. これはとても便利だ. 支払いのために止まる必要もない.
　＊ télépéage（高速道路の）自動料金収受システム
(4) 私の妹はテレビショッピングが大好きだ. 彼女は見た商品をしばしば買う.
(5) パパは今, 返事ができない. 彼は電話中だ.

Préfixe trans- (p.079)

練習問題1　(1) ○　(2) ○　(3) ○　(4) ×　(5) ×

(1) フランス－日本間の最初の飛行は1952年である.
(2) 1952年にはパリ－東京間は一日以上かかった.
(3) この時期, 二国間は船で旅行する事も出来た.
(4) シベリア横断飛行は1952年に始まる.（いいえ, 1952年には既にシベリア横断を利用することができていた.）
(5) 日本とフランスの大都市間の直行便はいくつかある.（いいえ, 日本からフランスの大都市に行くにはシャルル・ドゴール空港を経由しなければならない.）

練習問題2　(1) f　(2) e　(3) c　(4) b　(5) a　(6) d

(1) カナダ横断道は, 道が完成した時には24,000キロの長さになるだろう. 国の東海岸と西部を結ぶだろう.
(2) 1994年から英仏海峡の下を英仏海峡横断鉄道がトンネルで通じている.
(3) 毎日ヨーロッパ－アメリカ間の大西洋横断の多くの飛行便がある.

(4) 東京からリヨンに行くのにシャルル・ドゴール空港でトランジット通過しなければならない.
(5) 青虫は蝶に変化するだろう.
(6) 私のメールを新しいアドレスに転送したいのですが.

Suffixe -able (p.091)

練習問題1 (1) × (2) ○ (3) ○ (4) ○ (5) ○

(1) 今日，その男性は20歳を祝っている.（いいえ，今日はこの人は結婚20年のお祝いをしている.）
(2) 彼は妻をレストランに招待した.
(3) レストランの従業員は感じが良くなかった.
(4) 料理と飲み物は悪かった.
(5) この夫婦の最後の店はファーストフードの店だった.

練習問題2 (1) a (2) h (3) c (4) g (5) b (6) d
(7) e (8) i (9) j (10) f

(1) 余り好感のもてない人
(2) 心の安らぐ静かな夜の集い
(3) 余り快適ではない飛行機の旅
(4) 殆んど読めない案内板
(5) 食用キノコ
(6) 町の中心地の空き地
(7) うらやましい状態
(8) 携帯電話
(9) 水に溶ける薬
(10)恐ろしい事故

Suffixe -age (p.095)

練習問題1 (1) × (2) ○ (3) × (4) ○ (5) ×

(1) 低価格の会社はいかなる安全も提供しない.（いいえ，低価格の会社でも安全は保証されているようだ.）

(2) これらの航空会社はしばしば都市から離れた空港と通じている.
(3) 彼らのサービスは普通の会社のサービスと同じようなものである.（いいえ，低価格の会社と普通の会社のサービスとは比較にならない.）
(4) 彼らの料金は時として列車よりも安い.
(5) これらの会社の飛行機は常に清潔である.（いいえ，航空機の清掃は完全であるというにはほど遠い.）

練習問題2　1.plage（海岸），6.rage（怒り），8.cage（鳥かご），9.page（ページ）

練習問題3　(1) 4　(2) 2　(3) 3　(4) 5　(5) 7　(6) 10
(1) 私の車は汚染物質を撒き散らす．修理工場に調整に行かなければならない.
(2) 夏，私は海岸で肌を焼くのが好きだ.
(3) 一たび映画の撮影が終わったら，今度は編集の時だ.
(4) 以前，ピエールは働いていた．今，彼は失業中だ.
(5) 日本人は折り紙の芸術では得意だ.
(6) 言語はコミュニケーションの一手段だ.

Suffixe -aine (p.099)

練習問題1　(1) ○　(2) ○　(3) ×　(4) ×　(5) ×
(1) ケイジャン民族はフランス語系民族である.
(2) これらの旅行者は皆ケイジャン民族の文化を知りたがっている.
(3) 彼らの訪れた古い家は1945年のものだ.（いいえ，訪れた家は100年以上前のものだ.）
(4) この旅行は全部で2週間未満である.（いいえ，約2週間前に出発し，2週間後に戻る予定，つまり約25日の旅行です.）
(5) ケイジャン人のフランス語はフランスで話されているフランス語と非常に似ている.（いいえ，フランスで話されているフランス語はケイジャン人の話しているフランス語とは異なっている.）

練習問題2　(1) f　(2) h　(3) g　(4) c　(5) d　(6) b
(7) a　(8) e

(1) このホテルは約60室あると私は思う.
(2) 私のクラスには約20人の学生がいる.

(3) フランスでは卵は6個単位あるいは12個単位で売られている.
(4) 私たちはバリ旅行に数百ユーロかかった.
(5) 映画は約30分後に始まる.
(6) 私の誕生日には約40人いた.
(7) 私たちの家は築約50年だ.
(8) 君は私にこの話を10回くらいした.

Suffixe -ais(e), -ois(e) (p.103)

練習問題1 (1) × (2) × (3) ○ (4) ×

(1) この学生は4ヶ国語を学んでいる.(いいえ,この学生はフランス語,中国語,ポルトガル語の3ヶ国語を学んでいる.)
(2) この学生はポルトガル語を話す機会がしばしばある.(いいえ,彼は自分の学んでいる言語を話す機会は余りない.)
(3) 彼が奈良で出会った外国人はフランス人です.
(4) この外国人と彼の妻はリヨン生まれです.(いいえ,彼の妻はディジョン人で,彼はリヨン人です.)

練習問題2

nationalités : mexicaine, espagnol

langues : mandarin, néerlandais, indonésien

gentilés : lorrain, bisontin, Napolitain

(1) ロナルドはメキシコ国境の小さな町に住んでいる.
(2) ジャクラール氏は生まれた時からロレーヌ人である.
(3) 私は北京に住んで以来,北京語でより上手に自分の考えを述べるようになる.
(4) ヴィクトール・ユゴーは子供時代ブザンソン人だった.
(5) あなたはオランダ語を理解できるのですか?
(6) インドネシア語は1928年に生まれ,ラテン文字で書かれる.
(7) パエリアはスペインの代表的な料理である.
(8) ロレンツォは生粋のナポリ人ではない.彼はローマ生まれです.

Suffixe -ation (p.107)

練習問題1　(1) ×　(2) ○　(3) ○　(4) ×　(5) ×

(1) 最初のブドウの木はローマ人によって植えられた．（いいえ，最初のブドウの木は8000年前で，ローマ人がヨーロッパで最初に植えた．）
(2) ローマ人たちはゴールの地に最初にブドウの木を植えた．
(3) ブドウの木の苗はフランスの土地と気候を好む．
(4) ワインをたくさん飲めば，決して病気にならない．（いいえ，節度をもって飲めば健康には悪くはない．）
(5) フランスではワインの消費は毎年増えている．（いいえ，普通のワインの消費は毎年フランスでは減っている．しかし良質のワインの消費は多少増えている．）

練習問題2　(1) illustrations　(2) notation　(3) préparation
(4) décoration　(5) alimentation

(1) この本はきれいに挿絵が入っている．／この本の挿絵はきれいだ．
(2) 数学の教師はきびしく採点する．／数学の教師の採点はきびしい．
(3) このスポーツ選手は試合の前に十分に準備しなかった．／このスポーツ選手は試合前に準備不足だ．
(4) この部屋を誰が装飾したのか知らない．／この部屋の装飾を誰がやったのか知らない．
(5) 健康であるには気をつけて食事をとらなければならない．／健康であるにはよい食事のとり方が必要だ．

Suffixe -ée (p.111)

練習問題1　(1) ×　(2) ○　(3) ○　(4) ○　(5) ×

(1) an と année は正確には同じ意味だ．（いいえ，an と année は正確には同義語ではなく，同じようには使われない．）
(2) 年齢や日付を言う時に an(s) は用いられる．
(3) 12時間は半日である．
(4)「朝寝坊をする」，それは「朝遅くまで寝る」である．
(5) Bonsoir と Bonne soirée は同じように用いられる．（いいえ，Bonsoir は夜，人と出会ったり，別れるときに言い，Bonne soirée は夜別れたり，友達のパーティーに参加する相手に言う挨拶の言葉です.)

練習問題2 (1) f (2) h (3) g (4) b (5) e (6) c (7) d (8) a

(1) パン屋は朝4時からパンを焼く準備をする.
(2) この歌手は全欧ツアーをする.
(3) この木の苗にシャベル1杯の砂をかけなさい.
(4) 私は先生がディクテする時好きではない.
(5) この映画は夜しか上映しない.
(6) 私はあなたが健康でよい年であることを願う.
(7) 小鳥は親鳥の与える食物を待っている.
(8) あんたが大人しくしていなければ，お尻をぶつわよ.

Suffixc -et, -ette (p.115)

練習問題1 (1) × (2) × (3) × (4) ○ (5) ×

(1) ピエレットは父に買い物をすることを頼む.（いいえ，娘が父に chéri と言ったのではない.）
(2) 彼女は夕食のための買物リストを作っている.（いいえ，ピエレットは日曜日の昼食用に買物リストを作ったのです.）
(3) 彼女の献立を作るのに魚が必要である.（いいえ，買物リストには魚はありません.）
(4) 彼女は野菜も必要としている.
(5) 飲み物については，彼女は1リットルの赤ワインを望んでいる.（いいえ，彼女は一樽の赤ワインを望んでいる.）

練習問題2 (1) a (2) f (3) h (4) g (5) e (6) c

ウエーター：アントレはサラダをめしあがるのですね？
女性客：ええ，フレンチドレッシングで.
ウエーター：では，お肉は？
女性客：コートレットのクリーム煮にします.
ウエーター：フライドポテト添えですか，それとも野菜の盛り合わせですか？
女性客：フライドポテト添えにします．本日のデザートは何ですか？
ウエーター：イチゴタルトです.

女性客：私はヘーゼルナッツのお菓子の方が好きです.
ウエーター：かしこまりました. 飲み物はどうなさいますか？
女性客：ミネラルウォーター. ああ, ナイフはあるけどフォークがない！
ウエーター：申し訳ありません. すぐお持ちします.
女性客：ありがとう.

Suffixe -eur, -euse (p.119)

練習問題1　(1) ○　(2) ○　(3) ×　(4) ×　(5) ○

(1) プロデューサーは映画の資金を調達する人である.
(2) 監督は映画俳優を指揮する.
(3) 作曲家は映画のシナリオを書く.（いいえ, 作曲家は映画音楽を担当する人です.）
(4) 俳優は映画のせりふを書く.（いいえ, 俳優は映画のせりふを言う人です.）
(5) 舞台装置家は舞台装置を作る.

練習問題2　(1) k　(2) j　(3) l　(4) i　(5) b

(1) アラン：君はレミが上手なスキーヤーだと思いますか？
　ジャン：はい, 彼はシャモニー生まれで, 雪が好きです！
(2)（料理中の）セリーヌ：ラム酒を25デシリットル加えなきゃ！
　マノン：ほら, ここに計量器があるわ. 入れすぎないように注意してね！
(3) リュック：君, 夏は好き？
　マリーナ：いいえ, あまり好きじゃないわ！暑いのは嫌いだから.
(4) ミナ：私はこの彫像が好きだわ！
　トマ：これはとても有名だ. ロダンの「考える人」だ.
(5) カリーヌ：この歌手は何と言う名前？日本で有名なの？
　浩次：長渕剛だ. 僕は彼の声が好きだ！

Suffixe -eux (-euse) (p.123)

練習問題1　(1) ○　(2) ○　(3) ×　(4) ○　(5) ○

来週末,
(1) フランス北部では雨でしょう.
(2) フランス中部では変わりやすい天気でしょう.

(3) アルプス山地では雪が降るでしょう.（いいえ，アルプス山地は快晴でしょう.）
(4) フランス東部では雲におおわれるでしょう.
(5) コートダジュールでは快晴でしょう.

練習問題2 (1) a (2) b (3) c (4) c (5) a

(1) 君はたった一人で自転車で世界一周に出かけるんだね．私は君はとても勇気があると思う.
(2) 昨日，私はモーツァルトの「魔笛」を見に行った．とても素晴らしかった.
(3) 年上の人には敬意を払わなくてはならない.
(4) 私は今，マリーはとても心配しているように思う．彼女は悲しげな様子だ.
(5) 数学の先生は退屈だ．私は彼の授業は大嫌いです.

Suffixe -ième (p.127)

練習問題1 (1) × (2) × (3) × (4) ○ (5) ○

(1) 芸術の分類は中世以前から存在している.（いいえ，芸術の分類は19世紀初頭にヘーゲルによって考えられたのです.）
(2) 芸術の分類は公式なものであって全ての人から認められている.（いいえ，第八番目の芸術は議論の分かれるところです.）
(3) 九番目の芸術の表現はヘーゲルによって考案された.（いいえ，第九番目の表現は最近のもので，二人の漫画作者によって考えられた.）
(4) 八番目の芸術が何であるかについてのコンセンサスはない.
(5) 第一番目の芸術は建築であった.

練習問題2 (1) e (2) h (3) a (4) g (5) c (6) f (7) b (8) d

(1) ブルース・ウィリスの主演で1987年に発表されたリュック・ベッソンの映画は『フィフス・エレメント』である.
(2) 凱旋門はパリの8区にある.
(3) 飛行機のファーストクラスで旅行するのが私の夢だ！
(4) フランス人はしばしば映画を「七番目の芸術」と呼んでいる.
(5) このアスリートは銅メダルを獲得した．彼は表彰台に3番目に上った.
(6) 私の第六感のお陰でこの事故を避けることができた.
(7) 私は家族の2番目の子です．私の兄の名はリュックで，妹の名はリュシーです.

(8) フランス第四共和制は第二次世界大戦後に成立した.

Suffixe -ier (-ière) (p.131)

練習問題1　(1) ○　(2) ○　(3) ○　(4) ×　(5) ○

(1) 日本人は開花している桜の花を見るのが好きです.
(2) イギリス人にとってリンゴを食べるのは健康に良い.
(3) オリーブの小枝は国際連合の旗にも描かれている.
(4) イチジクの木はインドでは死を象徴する.（いいえ, イチジクの木はインドでは永遠を象徴する.）
(5) カキと呼ばれる果物は柿の木になる.

練習問題2　(1) h　(2) a　(3) c　(4) b　(5) d

ピエール：君のそばのこの木はバナナの木？
アニー：そうよ. 去年マダガスカルでこの写真を撮ったの.
ピエール：君の右のこの男性は誰？
アニー：ヤニックよ. ホテルのドアマンで, とても感じのいい人だったわ.
ピエール：この写真では君は何をしてるの？
アニー：トロール船に乗ったの. 一日中海にいたわ.
ピエール：すばらしい. 僕の方はバカンスの間ずっと働いてた.
アニー：ソムリエとして？
ピエール：うん. クレジットを使いすぎて, 銀行マンに呼び出された.
アニー：全額返したの？
ピエール：ああ.
アニー：じゃあ, 今晩シックなレストランに招待してくれる？

Suffixes métiers (p.135)

練習問題1　(1) ○　(2) ○　(3) ×　(4) ○　(5) ○

(1) この村にパン屋が来るのは毎日である.
(2) この村では毎週金曜日に魚を買うことができる.
(3) チーズ屋は食料品屋よりも頻繁に立ち寄る.（いいえ, チーズ屋は食料品屋と同じ頻度（週に1, 2回）来る.）
(4) 人々は今日ではスーパーマーケットで買物をするのを好む.

(5) この村では多くの小売商は消えた.

練習問題2　(1) f　(2) h　(3) a　(4) c　(5) g　(6) e
(7) b　(8) d

(1) リュシーはニースでリセのスペイン語の先生をしている.
(2) ニコルは外科医である. 彼女はカーンの大病院で働いている.
(3) ノラはパリの第一芸術博物館で学芸員をしている.
(4) サラは地方裁判所で子供を対象にした裁判官をしている.
(5) マノンは国立科学研究センターで既に3年前から研究者である.
(6) ファティマはディジョンの小さな美容院の美容師として働いている.
(7) クロエはオルリー空港でグランドホステスとして働いている.
(8) ジャドは青少年のためのバカンスセンターで指導員をしている.

Suffixe -isme (p.139)

練習問題1　(1) ○　(2) ×　(3) ○　(4) ×　(5) ○

(1) 外国の新聞によれば一部のフランス人は人種差別主義者である.
(2) これらの新聞によればフランス人は模範的な運転手だ. (いいえ, これらの新聞によればフランス人はマナーの悪い運転手です.)
(3) これらの新聞に取り上げられる描写はフランス人にとって殆んど好ましくないものである.
(4) これらの新聞によればフランス人はアルコール中毒者である. (いいえ, これらの新聞によれば, フランスの若者はアルコール中毒の問題を抱えているであろう.)
(5) フランス人に向けられる非難にもかかわらず, フランスを訪れる旅行者は増え続けている.

練習問題2　(1) b　(2) c　(3) f　(4) g　(5) e　(6) a
(7) d

(1) 経済理論：自由主義
(2) 芸術運動：シュールレアリスム
(3) イデオロギー：トロツキスム
(4) 肉類を摂取しない主義：菜食主義

(5) 死者とのコミュニケーション：交霊術
(6) 一種の見栄：スノビスム
(7) 鉛による中毒：鉛中毒

Suffixe -iste (p.143)

練習問題1 (1) × (2) ○ (3) ○ (4) ○ (5) ○

(1) フランスには余り外国人の観光客は来ない．（いいえ，フランスには多くの外国人観光客が来る．最も多い旅行の行先である．）
(2) マウンテンバイクに乗る旅行者はしばしば田舎に行く．
(3) フランスの海岸ではナチュラリズムを味わうことができる．
(4) フランスに来る観光客の大半はパリを訪れる．
(5) 観光事業は時として自然の景勝地には危険である．

練習問題2 (1) d (2) b (3) f (4) e (5) a (6) i
(7) h (8) c (9) g

(1) 車を修理する人：修理業者
(2) 本を転売するために本を買う人：古本屋
(3) 合唱団で歌う人：合唱団員
(4) ヴァイオリンを演奏する人：ヴァイオリニスト
(5) 言語を研究する人：言語学者
(6) クロスワードパズルを好む人：クロスワードパズル愛好家
(7) ガソリンを売る人：給油係
(8) 気温，風などを研究する人：気象学者
(9) ラテン語をよく知っている人：ラテン語学者

Suffixe -itude (p.147)

練習問題1 (1) ○ (2) ○ (3) × (4) ○ (5) ×

(1) ブリア・サヴァランによれば料理人は常に時間通りでなければならない．
(2) エルネスト・アベは教育者は余り面白くない仕事だと考えている．
(3) ジャン・ロスタンはいつもいらだって同意していた．（いいえ，ジャン・ロスタンはいらだって反対していた．）

(4) 詩人にとって閑古鳥の鳴き声は寂しさを象徴する．
(5) 疑うこと，それは死ぬことだとジャン・ゴダンズィは考えている．（いいえ，ジャン・ゴダンズィにとっては疑惑が死を招くのではなく，しばしば疑うことは何も確かめられず死ぬことである．）

練習問題2　(1) f　(2) h　(3) b　(4) d　(5) c　(6) a
(7) g　(8) e

(1) 私はこの仕事を無気力に引き受けた．もううんざりだった．
(2)『マイ・ウェイ』のフランス語の題名は『コム・ダビテュド』である．
(3) 私が君に話していることは，私が確かに知っていることだ．
(4) 私はあなたが私にしてくれたことに対し衷心より感謝の意を表する．
(5) 地球には多くの民族が住んでいる．
(6) ルイ18世によれば，正確さは王の礼儀行為だ．
(7) 私の睡眠の平安を邪魔するものは何もなかった．
(8)『墓のかなたからの回想』の中でシャトーブリアンは vastitude「広大さ」という語を発明した．

Suffixe -logie (p.151)

練習問題1　(1) ○　(2) ○　(3) ×　(4) ×　(5) ○
(1) 生物学は古典的な学問である．
(2) 地質学は私たちの土地を対象にしている．
(3) 占星術は学者たちにとって正確な学問である．（いいえ，占星術は真の科学にとっては擬科学である．）
(4) UFO 研究は19世紀に始まる．（いいえ，UFO 研究は20世紀に始まる．）
(5) テレパシーは思考で伝えることを可能にする．

練習問題2

(1)　日本学　c 日本文化研究
(2)　気象学　d 天候研究
(3)　氷河学　a 氷河研究
(4)　心臓学　b 心臓研究
(5)　生物学　e 生命研究
(6)　海洋学　h 海洋研究

(7) 数字学 f 数字研究
(8) ウィルス学 i ウィルス研究
(9) 鉱物学 g 鉱物研究
(10) 筆跡学 j 筆跡研究
(11) 犯罪学 l 犯罪の科学研究
(12) 薬理学 k 薬剤研究

Suffixe -ment (p.155)

練習問題1 (1) × (2) ○ (3) × (4) ○ (5) ○

(1) さやかはグルノーブルの生まれです．（いいえ，さやかがグルノーブルの出身ではなく，フランスの受け入れ家族がグルノーブルに住んでいるのです．）
(2) さやかはその家庭に6ヶ月滞在した．
(3) さやかはその家庭ですぐに上手く通じ合った．（いいえ，さやかにとっては最初受け入れ家族とコミュニケーションをとることは難しかった．）
(4) さやかはその後この家族のお陰でフランス語をとても上手に話せるようになる．
(5) さやかを受け入れた家族は日本に来ることになっている．

練習問題2 (1) b (2) c (3) f (4) a (5) d (6) e

(1) 私はモネのこの絵がすごく好きです．
(2) もっとゆっくり話していただけますか，よくわかりません．
(3) テオは大学ではほとんど真面目に勉強していない．
(4) 母親は赤ちゃんを寝かしつけるために子守唄をゆっくりと歌う．
(5) 我々はファーストクラスではめったに旅行しない．
(6) お客は食事が終わると大急ぎで帰っていった．

Suffixe -phone (p.159)

練習問題1 (1) ○ (2) × (3) × (4) ○ (5) ○

(1) ミレーユは流暢に英語を話したがっている．
(2) エリックは既にアフリカのフランス語圏で働いている．（いいえ，エリックはまだ働いていない．アフリカのNGOでボランティア活動をすることを望んでいる．）
(3) クリスティアーノの両親はポルトガル人です．（いいえ，クリスティアーノの祖父母がポルトガル人である.）
(4) ミリアムはロシア語をとても上手に話したいと思っている.
(5) ロイックは中国語を話せなくてはならない言語の一つであると考えている.

練習問題2 (1) e (2) f (3) a (4) c (5) b (6) d

(1) 遠くで連絡の取れる機器：電話
(2) 打楽器系の楽器：シロフォン
(3) 同じ方法で発音されるもの：同音異義
(4) 音を録音できる機器：テープレコーダー
(5) 日本語を話す人：日本語話者
(6) 管楽器：サクソフォン

Suffixe -té (-ité, -eté) (p.163)

練習問題1 (1) ○ (2) × (3) ○ (4) ○ (5) ×

(1) ロベスピエールは有名なスローガン「自由・平等・博愛」の作者である.
(2) これらの語は1790年以来パリの人々にそのまま採用された.（いいえ，1790年にはパリの人々は様々な語を使っていた．意味は近いが.）
(3)「博愛」は第三共和制の間「連帯」に取って代わられた.
(4) これら三つの語は1848年にフランス憲法の中に盛り込まれた.
(5) これら三つの語は1848年以来フランス共和国の公式なスローガンである.（いいえ，1848年以後フランス共和国の公式スローガンは特に「博愛」の語の使用に変化した.）

練習問題2 (1) d (2) f (3) h (4) b (5) a (6) e

(1)「私はこのソースのあっさりした味が大好きだ！」と食評論家は言う.
(2)「私はこの映画の粗暴さは嫌いだ！」と映画評論家は言う.
(3)「私はこのバイオリンの音質の良さが大好きだ！」と音楽評論家は言う.
(4)「私はあなたの誠実さが大好きだった！」と新聞記者が政治家に言う.
(5)「私は教室の中での君たちの無気力さは大嫌いだ！」と先生が学生達に言う.
(6)「連帯が私たちに不可欠だ！」と組合員は言う.

Suffixe -thèque (p.167)

練習問題1 (1) × (2) × (3) × (4) ○ (5) ×

(1) この家族ではすべての人が同じ趣味です.（いいえ，この家族ではすべての人が異なった趣味を持っている.）
(2) おじいさんは絵葉書を見るのが好きだ.（いいえ，祖父は地図を見るのがとても好きです.）
(3) 姉は毎週金曜日の夜踊りに行くのが好きだ.（いいえ，姉は土曜日の夜に踊りに行くのが好きです.）
(4) 弟は友達と遊ぶのが好きだ.
(5) 祖母は本を読んで勉強したがっている.（いいえ，祖母は本を読んで気晴らしをするのが好きです.）

練習問題2 (1) c (2) i (3) g (4) e (5) d (6) f
(7) a (8) b (9) h (10) j

(1) トランプ遊び（児童会館）
(2) マンモスの剥製（動物博物館）
(3) 日本の漫画（漫画資料室）
(4) 英語の CD-ROM（メディアライブラリー）
(5) 古い白黒映画（フィルムライブラリー）
(6) 絵画（美術品貸し出し機関）
(7) バルザックの小説（図書館）
(8) 平面地球図（地図資料室）
(9) 古いラジオ放送番組（視聴覚ライブラリー）
(10) 彫刻（古代彫石陳列館）

Testez-vous!

▶ test 01 (p.177)

(1) déchausser (2) dévoiler (3) désobéir
(4) déshabiller (5) déplacer

(1) 入る前に靴を脱いでください．
(2) 市長はこの通りの表示板を除幕したばかりです．
(3) 法律に違反してはならない．
(4) 医師：「服を脱いでください」
(5) 私たちの約束の時間を変えてもいいですか？

▶ test 02 (p.177)

(1) beauté (2) timidité (3) originalité (4) vérité (5) légèreté
(6) difficulté (7) humanité (8) simplicité (9) nationalité

ピエール：こんにちは，奥様．あなたは美術評論家ですね．
サリー夫人：ええ，私は雑誌の中で自分の好きな絵について論じています．
ピエール：では，この絵はどう思いますか？
サリー夫人：女性の顔の美しさと彼女の後ろに隠れている恥ずかしそうな子供の様子が好きです．
ピエール：あなたの意見では，この画家のオリジナリティは何ですか？
サリー夫人：それは真実を描く彼のスタイルです．彼は風に揺れる葉の軽やかさ，あるいは線と色使いで生きている人物の苦悩を表現することができるのです．
ピエール：人物描写に人間性が溢れているのですか？
サリー夫人：そうです．単純そのものです．私はルイ・トフォリが大好きです．
ピエール：彼はイタリア人ですか？
サリー夫人：いいえ，彼は1947年フランス国籍を取得しました．

▶ test 03 (p.178)

(1) ② (2) ③ (3) ① (4) ③ (5) ① (6) ③ (7) ③

リオはとてもかわいい，愉快な小さな女の子です．彼女は自分の家の前の道路を自転車で走ったり，あるいは友達と一緒にままごとをしたりするのが好きです．彼女は川のほとりの祖父母の小さな家で一日過ごしに行くのが大好きです．彼女は頭に帽子をかぶり一日中魚釣りに行きます．祖母と一緒に彼女は庭のズッキーニを料理したり，イチゴタルトレットを作るのが好きです．

▶ test 04 (p.179)

(1) 3　(2) 3　(3) 1　(4) 2　(5) 1　(6) 2　(7) 2

(1) 空が暗くなっている．雨が降るだろう．
(2) ピエール，パンを食べてしまいなさい，さもなければ，デザートはなしよ！
(3) 私たちの店は去年，利益が大きくなった．
(4) この町の地域は戦争中に完全に破壊された．
(5) アフリカかメキシコに出発するか，私は選べない．
(6) 気をつけなさい！汚れるわよ！
(7) 私はシモンは年をとったと思う．

▶ test 05 (p.180)

(1) 3　(2) 1　(3) 3　(4) 3

▶ test 06 (p.181)

oui : (a)　(d)　(e)　(g)　(h)

Lexique

＊新つづり字は（新）で載せました.

A

abaisser (*v.t.*)	下げる
aborder (*v.t.*)	近づく，取り組む
absolument (*adv.*)	絶対に
accompagner (*v.t.*)	一緒に行く
accoster (*v.t.*)	近づく
accourir (*v.i.*)	駆けつける
accroître (*v.t.*) ＊（新）accroitre	増やす
à demi mort	半死半生の
adhésif (-ive) (*adj.*)	粘着性の
adjoindre (*v.t.*)	加える
aérobic (*n.f.*)	エアロビクス
aéroclub (*n.m.*)	パイロット養成センター
aéroport (*n.m.*)	空港
aérosol (*n.m.*)	スプレー
affairisme (*n.m.*)	あくどい金もうけ
affamer (*v.t.*)	飢えさせる
affermir (*v.t.*)	強固にする
agnelet (*n.m.*)	生まれたばかりの子羊
agriculteur (-trice) (*n.*)	農業従事者
aigrelet(te) (*adj.*)	少し酸っぱい
ailé(e) (*adj.*)	翼のある
aimable (*adj.*)	親切な，愛想のいい
aimablement (*adv.*)	愛想よく，親切に
alcoolisme (*n.m.*)	アルコール中毒
alimentation (*n.f.*)	栄養摂取
allonger (*v.t.*)	伸ばす
alpiniste (*n.*)	登山家
altruiste (*adj.*) (*n.*)	愛他主義（の）
alunir (*v.i.*)	月に到着する
amener (*v.t.*)	連れてくる
amicalement (*adv.*)	友情を込めて
à mi-hauteur	半分の高さで
amoral(e) (*adj.*)	無道徳な
amphibologie (*n.f.*)	多義構文
anagramme (*n.f.*)	アナグラム

analogie (*n.f.*)	類似，類推
analphabète (*adj.*) (*n.*)	読み書きのできない（人）
ancienneté (*n.f.*)	勤続年数，在職年数
Angevin(e) (*n.*)	アンジェの人
anglophone (*n.*) (*adj.*)	英語話者（の）
animateur (-trice) (*n.*)	司会者
année (*n.f.*)	年，１年間
annuel(le) (*adj.*)	１年の，毎年の
annuler (*v.t.*)	取り消す
anonyme (*adj.*)	匿名の
anormal(e) (*adj.*)	異常な，異例の
anthologie (*n.f.*)	詞華集，名詩選
anti-anglais(e) (*adj.*)	反英的な
antibiotique (*adj.*) (*n.m.*)	抗生物質（の）
antibrouillard (*n.m.*)	霧灯，フォグランプ
antichoc (*adj.*)	対衝撃性の
anticommuniste (*adj.*) (*n.*)	反共産主義の，反共産主義者
antidopage (*adj. inv.*)	ドーピング防止の
antidouleur (*adj. inv.*)	痛みを緩和する
antifasciste (*adj.*) (*n.*)	反ファシストの（人）
anti (-) français(e) (*adj.*)	反仏の
antigang (*adj. inv.*)	凶悪犯対策の
anti-immigré (*adj. inv.*)	反移民の
anti-inflammatoire (*n.m.*) (*adj. inv.*)	抗炎症性（の）
anti-LE PEN (*n.*) (*adj.*)	反ルペン（の）
antinucléaire (*adj.*) (*n.*)	反核の，反核主義者
anti-OGM (*n.m.*)	反遺伝子組み換え
antipathique (*adj.*)	感じの悪い
antipollution (*adj.*)	公害防止の
antirides (*adj.*)	皺を防ぐ
antirouille (*adj.*)	錆を防ぐ
antiseptique (*adj.*)	消毒の
anti-sous-marin(e) (*adj.*)	対潜水艦の
antitabac (*adj. inv.*)	嫌煙の
antonyme (*n.m.*)	反意語
aphone (*adj.*)	声が出なくなった

apiculteur (-trice) (*n.*)	養蜂家
apitoyer (*v.t.*)	同情を引く
apolitique (*adj.*) (*n.*)	政治に関与しない（人）
appauvrir (*v.t.*)	貧しくする
apporter (*v.t.*)	持ってくる
approcher (*v.t.*)	近づける
approfondir (*v.t.*)	深く究める
arbitrer (*v.t.*)	審判をする，仲裁する
archéologie (*n.f.*)	考古学
aristocratie (*n.f.*)	貴族政治
arrosage (*n.m.*)	水撒き
assagir (*v.t.*)	賢くする
assembler (*v.t.*)	集める
assiettée (*n.f.*)	（料理の）一皿分
assouplir (*v.t.*)	柔らかくする
astrologie (*n.f.*)	占星術
athée (*n.*)	無神論者
attendrir (*v.t.*)	ほろりとさせる
atterrir (*v.i.*)	着陸する
atterrissage (*n.m.*)	着陸
atypique (*adj.*)	異形の，特定の型に収まらない
audacieux (-se) (*adj.*)	大胆な
augmentation (*n.f.*)	増加
augmenter (*v.t.*)	増やす
Australien(ne) (*n.*)	オーストラリア人
australopithèque (*n.m.*)	アウストラロピテクス
auto-école (*n.f.*)	自動車教習所
autodidacte (*adj.*) (*n.*)	独学の（人）
automate (*n.m.*)	自動機械，ロボット
automatique (*adj.*)	自動の
automobile (*n.f.*)	自動車
autonome (*adj.*)	自立の
avaler (*v.t.*)	飲み込む
aviateur (-trice) (*n.*)	飛行士

B

baleinier (*n.m.*)	捕鯨船
bananier (*n.m.*)	バナナの木
banlieusard(e) (*adj.*) (*n.*)	（パリ）郊外の（住人）
banquier (-ière) (*n.*)	銀行家
barquette (*n.f.*)	小舟，バルケット（フライド・ポテトなどを入れるプラスチック製容器）
bâtonnet (*n.m.*)	小さな棒
bavard (*adj.*)	おしゃべりな，饒舌な
bavardage (*n.m.*)	おしゃべり
bavette (*n.f.*)	胸当て
béatitude (*n.f.*)	至福
becquée (*n.f.*)	餌
bédéthèque (*n.f.*)	漫画資料館
bénédiction (*n.f.*)	祝福
bénéfice (*n.m.*)	利益
bénévole (*adj.*)	無償の
bibli（→ bibliothèque）(*n.f.*)	図書館
bibliobus (*n.m.*)	移動図書館
bibliographe (*n.*)	書誌学者
bibliographie (*n.f.*)	文献一覧
bibliologie (*n.f.*)	図書館学
bibliomane (*adj.*) (*n.*)	書物収集狂の（人）
bibliophile (*n.*)	蔵書家
bibliopoche (*n.f.*)	文庫本専門店
bibliopsychologie (*n.f.*)	読書心理学
bibliothécaire (*n.*)	司書
bibliothèque (*n.f.*)	書棚，図書館
bibliothérapie (*n.f.*)	読書療法
bienfaisant(e) (*adj.*)	有益な
biologie (*n.f.*)	生物学
biscuit (*n.m.*)	ビスケット
bisexuel(le) (*adj.*)	両性具有の
Bisontin(e) (*n.*)	ブザンソンの人
bisontin(e) (*adj.*)	ブザンソンの
blanchissage (*n.m.*)	洗濯，クリーニング

blessure (*n.f.*)	けが，負傷
bonté (*n.f.*)	善意，親切
Bordelais(e) (*n.*)	ボルドーの人
bordelais(e) (*adj.*)	ボルドーの
bouchée (*n.f.*)	一口分
boucher-charcutier (-ière) (*n.*)	豚肉屋
bouddhisme (*n.m.*)	仏教
bougrement (*adv.*)	すごく，ひどく
boulanger (-ère) (*n.*)	パン屋
boulette (*n.f.*)	丸めた小さな玉
bouquiniste (*n.*)	古本屋
Bourbonnais(e) (*n.*)	ブルボネ地方の人
bourbonnais(e) (*adj.*)	ブルボネ地方の
bourgeois(e) (*adj.*)	中産階級の
boxeur (*n.m.*)	ボクサー
brasseur (-euse) (*n.*)	醸造業者
bronzage (*n.m.*)	ブロンズ仕上げ
brûler (*v.t.*)	焼く
brûlure (*n.f.*) *（新）brulure	火傷
brumeux (-euse) (*adj.*)	もやのかかった
brutalité (*n.f.*)	荒々しさ，乱暴
bûchette (*n.f.*) *（新）buchette	木切れ
bureaucrate (*n.*)	官僚，役人
bureaucratie (*n.f.*)	官僚制度，官僚政治
buvable (*adj.*)	飲める
buvette (*n.f.*)	軽食堂，立ち飲みスタンド

C

cacophonie (*n.f.*)	不協和音
cafetière (*n.f.*)	コーヒーメーカー
cancéreux (-euse) (*adj.*)	癌の
capricieux (-se) (*adj.*)	気まぐれな，変わりやすい
cardiologie (*n.f.*)	心臓学
carnivore (*adj.*)	肉食性の
carrément (*adv.*)	はっきりと，きっぱりと
cartographe (*n.*)	地図作成者
cartothèque (*n.f.*)	地図資料室

casquette (*n.f.*)	カスケット，ハンチング
cassure (*n.f.*)	割れ目，ひび
catéchisme (*n.m.*)	カテキスム，教理問答書
cayakiste (*n.*)	カヤック乗り
cendrier (*n.m.*)	灰皿
centaine (*n.f.*)	約100の
céphalée (*n.f.*)	頭痛
cerisier (*n.m.*)	桜の木
certitude (*n.f.*)	確かさ，確実さ
cession (*n.f.*)	譲渡
chaleur (*n.f.*)	暑さ
chalutier (*n.m.*)	トロール船
chapelier (-ière) (*adj.*) (*n.*)	帽子製造業者の，帽子製造業者
charitable (*adj.*)	思いやりのある
chauffage (*n.m.*)	暖房装置
chauffard (*n.m.*)	下手な運転手
chaussette (*n.f.*)	靴下，ソックス
chercheur (-euse) (*n.*)	研究者
chirurgien(ne) (*n.*)	外科医
chocolaté(e) (*adj.*)	チョコレート入りの
chômage (*n.m.*)	失業
choriste (*n.*)	聖歌隊員
cigarette (*n.f.*)	紙巻タバコ
cinémathèque (*n.f.*)	フィルムセンター
cinéphile (*adj.*) (*n.*)	映画好きの（人）
citronnade (*n.f.*)	レモネード
coauteur (*n.m.*)	共著者
cocktail (*n.m.*)	カクテル
codécision (*n.f.*)	共同決定
codétenu(e) (*n.*)	同房の囚人
codirecteur (-trice) (*n.*)	共同管理者
coéducation (*n.f.*)	男女共学
coexister (*v.i.*)	共存する
cogestion (*n.f.*)	共同経営
coiffeur (-euse) (*n.*)	理髪師
coiffure (*n.f.*)	髪型，ヘアスタイル

coïncidence (*n.f.*)	偶然の一致
coïncider (*v.t.*)	合致する
coïnculpé(e) (*n.*)	共同被疑者
coléreux (-euse) (*adj.*)	怒りっぽい，怒った
collaboration (*n.f.*)	協力
colle (*n.f.*)	糊
colloque (*n.m.*)	シンポジウム
colocataire (*n.*)	共同借家人
combattre (*v.t.*)	戦う
comédie (*n.f.*)	喜劇
comédien(ne) (*n.*)	喜劇役者
comestible (*adj.*)	食べられる，食用の
communisme (*n.m.*)	共産主義
communiste (*n.*)	共産主義者
compagnon (*n.m.*)	仲間
composer (*v.t.*)	構成する
compositeur (-trice) (*n.*)	作曲家
comptable (*adj.*) (*n.*)	会計の，会計係
compteur (*n.m.*)	メーター
comté (*n.m.*)	伯爵領，コンテチーズ
concitoyen(ne) (*n.*)	同国人，同郷人
conducteur (-trice) (*adj.*) (*n.*)	導く，運転手
confortable (*adj.*)	快適な，安楽な
conseiller (*v.t.*)	助言する
conseiller (-ère) (*n.*)	助言者
conservateur (-trice) (*adj.*) (*n.*)	保守的な，保守主義者
consommation (*n.f.*)	消費
constructible (*adj.*)	建築可能な
constructif (-ve) (*adj.*)	建設的な
construire (*v.t.*)	建設する
contemporain(e) (*adj.*) (*n.*)	同世代の，現代の，同時代人
contre-allée (*n.f.*) ＊（新）contrallée	側道
contre-amiral (*n.m.*)	海軍少将
contre-attaque (*n.f.*)	逆襲
contrebande (*n.f.*)	密輸入
contrecœur (*loc. adv.*) (à)	しぶしぶ，不承不承

contrecoup (*n.m.*)	余波
contre-courant (*n.m.*) ＊（新）contrecourant	逆流
contrefaçon (*n.f.*)	偽造
contrefaire (*v.t.*)	偽造する
contre-jour (*n.m.*) ＊（新）contrejour	逆光
contre-pente (*n.f.*) ＊（新）contrepente	反対斜面
contre-poids (*n.m.*)	平衡錘
contresens (*n.m.*)	逆方向
contretemps (*n.m.*)	不都合
contre-terrorisme (*n.m.*)	報復テロ
contre-valeur (*n.f.*) ＊（新）contrevaleur	交換価値
coopérer (*v.t.*)	協力する
copain (-pine) (*n.*)	友達
coquelet (*n.m.*)	雄の若鶏
Coréen(ne) (*n.*)	韓国人，朝鮮人
coréen(ne) (*adj.*)	韓国の，朝鮮の
correct(e) (*adj.*)	正しい，正確な
corvéable (*adj.*)	賦役を課せられた
costard (*n.m.*)	（男性用の）背広，スーツ
costumier (-ière) (*n.*)	衣装係
côtelette (*n.f.*)	骨つき背肉
coton (*n.m.*)	綿
couette (*n.f.*)	髪の毛の束，軸受
courageux (-euse) (*adj.*)	勇敢な
couramment (*adv.*)	流暢に
courgette (*n.f.*)	ズッキーニ
coutelier (-ère) (*adj.*) (*n.*)	刃物製造の，刃物屋
couvée (*n.f.*)	（雌鶏が）１回に抱く卵
covoiturage (*n.m.*)	共同運送
création (*n.f.*)	創造
criminologie (*n.f.*)	犯罪学
cruciverbiste (*n.*)	クロスワードパズル愛好者
cubiste (*adj.*) (*n.*)	立体派の（画家，彫刻家）
cuillerée (*n.f.*)	スプーン１杯の量
cyclable (*adj.*)	自転車専用の
cycliste (*adj.*) (*n.*)	自転車の，サイクリスト

D

déboutonner (*v.t.*)	ボタンを外す
débrancher (*v.t.*)	電源を切る，プラグを抜く
décade (*n.f.*)	10日間
déchausser (*v.t.*)	靴を脱がせる
décimètre (*n.m.*)	デシメートル
déclouer (*v.t.*)	釘を抜く
décollage (*n.m.*)	離陸
décoller (*v.t.*)	剥がす，外す
décongeler (*v.t.*)	解凍する
décorateur (-trice) (*n.*)	装飾（美術）家
décoration (*n.f.*)	装飾
découcher (*v.i.*)	外泊する
décourager (*v.t.*)	落胆させる
défaire (*v.t.*)	解体する，解く
déformer (*v.t.*)	変形する，形を歪める
dégivrer (*v.t.*)	霜を取り除く
dégustation (*n.f.*)	試飲
délicatesse (*n.f.*)	繊細さ，思いやり
démancher (*v.t.*)	柄を外す
déménager (*v.i.*) (*v.t.*)	移動する，引っ越す
demi-douzaine (*n.f.*)	半ダース，約6の
demi-finale (*n.f.*)	準決勝
demi-heure (*n.f.*)	半時間，30分
demi-place (*n.f.*)	半額席，半額切符
démissionner (*v.t.*)	辞職する
démocrate (*adj.*) (*n.*)	民主主義の，民主主義者
démocratie (*n.f.*)	民主主義
démocratiquement (*adv.*)	民主的に
démocratiser (*v.t.*)	民主化する
démographie (*n.f.*)	人口統計学
démonter (*v.t.*)	分解する
dénier (*v.t.*)	はっきり否定する
dentellier (-ière) (*n.*)	レースを編む人
dépêcher (*v.t.*)	急派する
déplacer (*v.t.*)	移動させる，位置を変える

déplaisant(e) (*adj.*)	不愉快な
déranger (*v.t.*)	散らかす，邪魔する
désapprouver (*v.t.*)	反対する
déshabiller (*v.t.*)	服を脱がす
désherber (*v.t.*)	雑草を除去する
déshonneur (*n.m*)	不名誉，恥辱
déshonorer (*v.t.*)	名誉を傷つける
désobéir (*v.t.*)	従わない，背く
désosser (*v.t.*)	骨を抜く
désuétude (*n.f.*)	すたれること，廃用
détacher (*v.t.*)	解く，ボタンを外す
détaxe (*n.f.*)	税金の還付
détaxer (*v.t.*)	免税する
détruire (*v.t.*)	壊す
dévisser (*v.t.*)	ネジを抜く
dévoiler (*v.t.*)	覆いを取る，あらわにする
dévorer (*v.t.*)	むさぼり食う
dichotomie (*n.f.*)	二分法
dictée (*n.f.*)	書き取り，口述
différer (*v.i.*)	異なる
Dijonnais(e) (*n.*)	ディジョンの人
dijonnais(e) (*adj.*)	ディジョンの
dimension (*n.f.*)	寸法
diminuer (*v.t.*)	減らす
dînette (*n.f.*) ＊（新）dinette	ままごと
direction (*n.f.*)	方向
discontinu(e) (*adj.*)	不連続の
discothèque (*n.f.*)	ディスコ
discourtois(e) (*adj.*)	無作法な，無礼な
disculpé(e) (*adj.*)	無実を証明された
disgrâce (*n.f.*)	失寵，不興
disgracieux (-euse) (*adj.*)	醜い，無愛想な
disjoindre (*v.i.*)	引き離す
disparaître (*v.t.*) ＊（新）disparaitre	消える，姿を消す
disparu(e) (*adj.*) (*n.*)	見えなくなった，行方不明者
disposer (*v.t.*)	配置する

disqualifié(e) (*adj.*)	失格させられた
disqualifier (*v.t.*)	失格させる
dissimulé(e) (*adj.*)	隠された
dizaine (*n.f.*)	約10の
docteur (*n.m.*)	博士，医者
doctoral(e) (*adj.*)	博士の
doseur (*n.m.*)	液量計
doucement (*adv.*)	穏やかに，優しく
douzaine (*n.f.*)	約12，１ダース
droitier (-ière) (*adj.*) (*n.*)	右利きの（人）
durée (*n.f.*)	持続期間
dureté (*n.f.*)	硬さ，厳しさ
dyslexique (*adj.*) (*n.*)	読字障害の（人）

E

éclairagiste (*n.*)	照明技師
éclaircir (*v.t.*)	明るくする
éducateur (-trice) (*n.*)	教師
égalité (*n.f.*)	平等
embarquer (*v.i.*)	（乗り物に）乗る
embouteiller (*v.t.*)	（道路を）塞ぐ，瓶に詰める
embrasser (*v.t.*)	抱く
emmener (*v.t.*)	連れて行く
empiéter (*v.i.*)	侵す
empiler (*v.t.*)	積み上げる
employer (*v.t.*)	使う
emporter (*v.t.*)	持って行く，運び去る
empoter (*v.t.*)	壺に入れる
emprisonner (*v.t.*)	投獄する
encadrer (*v.t.*)	枠をはめる
encaisser (*v.t.*)	受領する
enclore (*v.t.*)	囲う，囲む
endosser (*v.t.*)	羽織る，責任を背負う
enfermer (*v.t.*)	閉じ込める
enfourner (*v.t.*)	オーブンに入れる
engraisser (*v.t.*)	肥育する
enlaidir (*v.t.*)	醜くする

ennéade (*n.f.*)	9個一組
énormément (*adv.*)	非常に
enseignant(e) (*adj.*)	教育職の
enterrer (*v.t.*)	埋める
entourer (*v.t.*)	取り囲む
enviable (*adj.*)	うらやましい
épicier (-ière) (*n.*)	食料品屋
équipage (*n.m.*)	乗組員，クルー
esclavage (*n.m.*)	奴隷の身分
Espagnol(e) (*n.*)	スペイン人
espagnol(e) (*adj.*)	スペインの
espagnol (*n.m.*)	スペイン語
esthéticien(ne) (*n.*)	美容師，エステティシャン
ethnique (*adj.*)	民族の
ethnocentriste (*adj.*)	民族中心の
ethnologue (*n.*)	民族学研究者
étrangeté (*n.f.*)	奇妙さ，風変わり
exactitude (*n.f.*)	正確さ
excommunier (*v.t.*)	破門する
exigible (*adj.*)	要求し得る
ex-mari (*n.m.*)	前夫
ex-ministre (*n.*)	前大臣
exporter (*v.t.*)	輸出する
extraordinaire (*adj.*)	並外れた
extraterrestre (*adj.*)	地球外の，大気圏外の

F

faux-monnayeur (*n.m.*)	贋金作り
faux-semblant (*n.m.*)	見せかけ，まやかし
faux-sens (*n.m.*)	語の意味の取り違え，誤読
ferreux (-euse) (*adj.*)	鉄を含む
fessée (*n.f.*)	（罰として）尻を叩くこと
feuillage (*n.m.*)	（1本の草木全体の）葉
fierté (*n.f.*)	誇り
figuier (*n.m.*)	イチジクの木
fillette (*n.f.*)	小さな女の子
finition (*n.f.*)	仕上げ

flûtiste (*n.*)	フルート奏者
fourchette (*n.f.*)	フォーク
fournée (*n.f.*)	（パンの）1度に焼きあがる量
Français(e) (*n.*)	フランス人
français(e) (*adj.*)	フランスの
français (*n.m.*)	フランス語
francophile (*adj.*) (*n.*)	フランス好きの（人），親仏の（人）
francophobe (*adj.*) (*n.*)	フランス嫌いの（人）
francophone (*adj.*) (*n.*)	フランス語話者の（人）
francophonie (*n.f.*)	フランス語圏
fraternité (*n.f.*)	博愛，友愛
froideur (*n.f.*)	（態度などの）冷たさ
fromager (-ère) (*adj.*) (*n.*)	チーズの，チーズ販売業者
fruitier (-ière) (*adj.*) (*n.*)	果実の，果物屋
fruitier (*n.m.*)	果物貯蔵所

G

gaminement (*adv.*)	ふざけて，子供っぽく
garage (*n.m.*)	車庫，ガレージ
garagiste (*n.*)	自動車修理工
garçonnet (*n.m.*)	小さな男の子
gaufrier (*n.m.*)	ゴーフルの焼き型
généalogie (*n.f.*)	系図，家系
Genevois(e) (*n.*)	ジュネーヴの人
genevois(e) (*adj.*)	ジュネーヴの
gentillesse (*n.f.*)	（親切な）言動，優しさ
gentiment (*adv.*)	親切に，優しく
géologie (*n.f.*)	地質学
germanophone (*adj.*) (*n.*)	ドイツ語話者の（人）
glaciologie (*n.f.*)	氷河学
glyptothèque (*n.f.*)	古代彫石陳列室
grandeur (*n.f.*)	大きさ
graphologie (*n.f.*)	筆跡学
graphologue (*n.*)	筆跡学者
gratitude (*n.f.*)	感謝の念
grossesse (*n.f.*)	妊娠
grossir (*v.i.*)	太る

guitariste (*n.*)	ギタリスト

H

habitude (*n.f.*)	習慣，習性
hémicrânie (*n.f.*)	偏頭痛
hémiface (*n.f.*)	顔半分
hémifacial(e) (*adj.*)	顔半分の
hémisphère (*n.m.*)	半球
heptaèdre (*n.m.*) (*adj.*)	7面体（の）
herbivore (*adj.*)	草食性の
hexagone (*n.m.*)	六角形，フランス本土
homéopathie (*n.f.*)	同毒療法
homophone (*adj.*) (*n.m.*)	同音異義の，同音異義語
Hongrois(e) (*n.*)	ハンガリー人
hongrois(e) (*adj.*)	ハンガリーの
hongrois (*n.m.*)	ハンガリー語
honteux (-euse) (*adj.*)	恥ずべき，破廉恥な
horrible (*adj.*)	恐ろしい
horticulteur (-trice) (*n.*)	園芸家
hôtesse (*n.f.*)	客室乗務員
hyperréaliste (*n.*)	（芸術の）ハイパーリアリスト
hypersensible (*adj.*) (*n.*)	過敏な（人），過度に感じやすい（人）
hypertension (*n.f.*)	高血圧

I

idéaliste (*adj.*) (*n.*)	理想主義的な，理想主義者
idéogramme (*n.m.*)	表意文字
idéologie (*n.f.*)	イデオロギー，観念形態
illégal(e) (*adj.*)	違法の
illimité(e) (*adj.*)	無制限の
illimité (*n.m.*)	無限
illisible (*adj.*)	判読できない
illogique (*adj.*)	非論理的な
illustration (*n.f.*)	挿絵，イラスト
imbattable (*adj.*)	不敗の，無敵の
imbuvable (*adj.*)	飲めない
immangeable (*adj.*)	食べられない

immature (*adj.*)	未熟な
immobile (*adj.*)	動かない
immoral(e) (*adj.*)	不道徳な
impasse (*n.f.*)	袋小路
impatience (*n.f.*)	忍耐のなさ
impératif (*n.m.*)	命令法
impératif (-ve) (*adj.*)	命令的な
impossible (*adj.*)	不可能な
imprécis(e) (*adj.*)	不確かな
imprimeur (-euse) (*adj.*) (*n.*)	印刷する，印刷業者
imprimeur (*n.m.*)	プリンター
impropre (*adj.*)	不適切な
impuissant(e) (*adj.*) (*n.*)	無力な（人），無能な（人）
inadapté(e) (*adj.*) (*n.*)	適応できない（人）
incertitude (*n.f.*)	不確実さ，不安定
incivisme (*n.m.*)	公徳心の欠如
Indien(ne) (*n.*)	インド人
indien(ne) (*adj.*)	インドの
indivisibilité (*n.f.*)	不可分性
Indonésien(ne) (*n.*)	インドネシア人
indonésien(ne) (*adj.*)	インドネシアの
inespéré(e) (*adj.*)	思いがけない
inexact(e) (*adj.*)	不正確な
infructueux(-euse) (*adj.*)	実りのない，無益な
ingratitude (*n.f.*)	忘恩
inhabité(e) (*adj.*)	無人の，人の住まない
inlassable (*adj.*)	不屈の
inoubliable (*adj.*)	忘れられない
inquiétude (*n.f.*)	心配
insatisfait(e) (*adj.*)	不満な
insoutenable (*adj.*)	支持できない
insuffisant(e) (*adj.*)	足りない，不十分な
interphone (*n.m.*)	インターフォン
invivable (*adj.*)	（人が）我慢ならない
irréel(le) (*adj.*)	非現実的な
irréel (*n.m.*)	非現実

irrégulier (-ière) (*adj.*)	不規則な
irrégulier (*n.m.*)	不正規軍
irréparable (*adj.*) (*n.m.*)	修理できない，取り返しのつかないこと
irréprochable (*adj.*)	非の打ちどころのない
irrespirable (*adj.*)	呼吸しにくい

J

Japonais(e) (*n.*)	日本人
japonais(e) (*adj.*)	日本の
japonais (*n.m.*)	日本語
japonologie (*n.f.*)	日本学，日本研究
japonophone (*adj.*) (*n.*)	日本語話者の（人）
jeunet(te) (*adj.*) (*n.*)	若すぎる（人），未熟な（人）
journaliste (*n.*)	新聞記者，ジャーナリスト
journée (*n.f.*)	一日，昼間
joyeux (-se) (*adj.*)	楽しい
juge (*n.m.*)	裁判官

K

kayakiste (*n.*)	カヤック選手

L

lainage (*n.m.*)	羊毛製品
laitage (*n.m.*)	乳製品
laitier (-ère) (*adj.*) (*n.*)	乳の，牛乳屋
langage (*n.m.*)	言葉，言語活動
larmoyer (*v.i.*)	涙が出る，涙を流す
lassitude (*n.f.*)	疲れ，疲労
latiniste (*n.*)	ラテン語学者
légèreté (*n.f.*)	軽さ，繊細さ
lentement (*adv.*)	ゆっくりと
lévrier (*n.m.*)	（ウサギを狩る）グレーハウンド
lexicologie (*n.f.*)	語彙論
lexicologue (*n.*)	語彙研究者
libéralisme (*n.m.*)	自由主義
liberté (*n.f.*)	自由
linguiste (*n.*)	言語学者

lisible (*adj.*)	読みやすい
Lorrain(e) (*n.*)	ロレーヌ地方の人
lorrain(e) (*adj.*)	ロレーヌ地方の
lorrain (*n.m.*)	ロレーヌ方言
ludothèque (*n.f.*)	児童館，おもちゃライブラリー
lusophone (*n.*) (*adj.*)	ポルトガル語話者（の）
luxueux (-euse) (*adj.*)	豪華な
Lyonnais(e) (*n.*)	リヨンの人
lyonnais(e) (*adj.*)	リヨンの
lyonnais (*n.m.*)	リヨン方言

M

macrophotographie (*n.f.*)	拡大写真
magnétophone (*n.m.*)	テープレコーダー
maigrir (*v.i.*)	痩せる
maisonnette (*n.f.*)	小さな家
mal-aimé (*n.*) (*adj.*) ＊（新） malaimé	嫌われ者（の）
maladroit(e) (*adj.*)	不器用な，軽率な
malavisé(e) (*adj.*)	思慮のない，軽率な
malbâti(e) (*adj.*) (*n.*)	不恰好な（人）
malchance (*n.f.*)	不運
malcommode (*adj.*)	不便な
mal-en-point (*adj.inv.*)	具合の悪い
mal-être (*n.m.*)	不満
malformation (*n.f.*)	奇形
malgracieux (-euse) (*adj.*)	無愛想な
malgré (*prép.*)	～の意に反して
malhabile (*adj.*)	不器用な
malheur (*n.m.*)	不幸
malheureux (-euse) (*adj.*)	不幸な
malhonnête (*adj.*)	不正直な，不誠実な
mal-logé(e) (*adj.*) (*n.*)	住宅条件の悪い（人）
malodorant(e) (*adj.*)	悪臭を放つ
malpoli(e) (*adj.*)	無礼な
malpropre (*adj.*)	不潔な
malsain(e) (*adj.*)	不健康な
mal-vivre (*n.m.*)	貧しい暮らし

mandarin(e) (*adj.*)	マンダリンの
mandarin (*n.m.*)	標準中国語
mangeable (*adj.*)	食べられる
maoïsme (*n.m.*)	毛沢東主義
matheux (-euse) (*n.*)	数学に強い生徒
matinal(e) (*adj.*)	朝の
matinée (*n.f.*)	朝，午前中
maudire (*v.t.*)	憎悪する，呪う
méchamment (*adv.*)	意地悪く
méchanceté (*n.f.*)	意地悪さ
mécontent(e) (*adj.*)	不満な
médiathèque (*n.f.*)	視聴覚ライブラリー
mégalomane (*adj.*) (*n.*)	誇大妄想の（人），傲慢な（人）
mégalopole (*n.f.*)	メガロポリス，巨大都市
mégaphone (*n.m.*)	メガフォン
mégapole (*n.f.*)	メガロポリス，巨大都市
mélodie (*n.f.*)	メロディー，旋律
mélodieux (-ieuse) (*adj.*)	旋律の豊かな
mélomane (*adj.*) (*n.*)	音楽好きの（人）
mercier (-ière) (*n.*)	（手芸・裁縫の）材料商人
merveilleux (-euse) (*adj.*)	驚異的な，すばらしい
mésaventure (*n.f.*)	災難
messeoir (*v.i.*)	ふさわしくない
métamathématique (*n.f.*)	超数学
météorologie (*n.f.*)	気象学
météorologiste (*n.*)	気象学者
métonyme (*n.f.*)	換喩
métamorphose (*n.f.*)	変貌，変身
metteur en scène (*n.m.*)	監督
Mexicain(e) (*n.*)	メキシコ人
mexicain(e) (*adj.*)	メキシコの
mi-août (*n.m.*) ＊（新） mi-aout	8月中旬
mi-chemin (à) (*loc.adv.*)	途中で
mi-clos(e) (*adj.*)	半ば閉じた
microbe (*n.m.*)	微生物，ばい菌
microchirurgie (*n.f.*)	顕微鏡外科

microclimat (*n.m.*)	微気象
microfiche (*n.f.*)	マイクロフィッシュ
microlux (*n.m.*)	マイクロルクス
microphone (*n.m.*)	マイクロフォン
microphotographie (*n.f.*)	顕微鏡写真
microseconde (*n.f.*)	マイクロ秒
midi (*n.m.*)	正午
mi-enfant (*adj.inv.*)	半ば子供のような
miette (*n.f.*)	（パンなどの）かけら，くず
mi-femme (*adj.inv.*)	半ば女性のような
mi-figue, mi-raisin	どっちつかずの
mi-fondue (*adj.*)	解けかけた
migraine (*n.f.*)	偏頭痛
mi-hauteur (*n.f.*)	半分の高さ
mi-jambe (*loc.adv.*)	脚の中ほどまで
milieu (*n.m.*)	（場所・期間の）真ん中
minéralogie (*n.f.*)	鉱物学
minibar (*n.m.*)	ミニバー，（ホテルにある飲み物入り）冷蔵庫
minibus (*n.m.*)	小型バス，マイクロバス
minichaîne (*n.f.*) ＊（新）minichaine	ミニコンポ
minigolf (*n.m.*)	ミニゴルフ
minijupe (*n.f.*)	ミニスカート
mini légume (*n.m.*)	ミニ野菜
minimalisme (*n.m.*)	ミニマリズム
minime (*adj.*) (*n.*)	ほんのわずかな，少年選手
minimum (*n.m.*)	最小，最低
miniski (*n.m.*)	ミニスキー
minuit (*n.m.*)	真夜中，夜中の12時
mi-temps (*n.f.*)	ハーフタイム
mixeur (*n.m.*)	ミキサー
modération (*n.f.*)	節度
moelleux (-euse) (*adj.*)	柔らかな，ふかふかした
mondial (*adj.*)	世界の
monocorde (*adj.*) (*n.m.*)	単調な，モノコード，一弦琴
monogramme (*n.m.*)	モノグラム，組み合わせ文字
monorail (*n.m.*)	モノレール

montage (*n.m.*)	組み立て，編集
montagnard(e) (*adj.*)	山地の
multicolore (*adj.*)	多色の
multiforme (*adj.*)	多形の
multilingue (*n.*)	多言語併用者
multimédia (*n.m.*) (*adj.*)	マルチメディア（の）
multinational (*adj.*)	多国籍の
multitude (*n.f.*)	多数
musicalité (*n.f.*)	音楽性
mythomane (*adj.*) (*n.*)	虚言癖の（人）

N

Napolitain(e) (*n.*)	ナポリの人
napolitain(e) (*adj.*)	ナポリの
nataliste (*adj.*)	出産奨励の
naturaliste (*n.*)	自然回帰主義者，博物学者
navigable (*adj.*)	航行可能な
Néerlandais(e) (*n.*)	オランダ人
néerlandais(e) (*adj.*)	オランダの
néerlandais (*n.m.*)	オランダ語
neigeux (-euse) (*adj.*)	雪に覆われた
nerveux (-euse) (*adj.*)	神経質な
nettoyage (*n.m.*)	掃除，クリーニング
New-Yorkais(e) (*n.*)	ニューヨークの人
new-yorkais(e) (*adj.*)	ニューヨークの
noircir (*v.t.*)	黒くする
noisette (*n.f.*)	ハシバミの実
non-lieu (*n.m.*)	免訴
nonante (*adj.*)	90の
notation (*n.f.*)	採点，評価
nuageux (-euse) (*adj.*)	雲の多い
nullitude (*n.f.*)	無
numérologie (*n.f.*)	数占い，数霊術

O

objet (*n.m.*)	物体
océanologie (*n.f.*)	海洋研究

octogénaire (*adj.*) (*n.*)	80歳の（人）
octopode (*adj.*)	8本の足（腕）を持つ
offrir (*v.t.*)	提供する
olivier (*n.m.*)	オリーブの木
omnivore (*adj.*)	雑食性の
onglée (*n.f.*)	指先のしびれ
opérationnel(le) (*adj.*)	（実戦で）使える，（実地で）働ける
opposer (*v,t.*)	反対する
orageux (-euse) (*adj.*)	雷雨の多い
orangeade (*n.f.*)	オレンジエード
orthographie (*n.f.*)	正書法
orthopédie (*n.f.*)	整形外科
orthophoniste (*n.*)	発音矯正士
oublieux (-euse) (*adj.*)	忘れがちな
outillage (*n.m.*)	工具一式
ouvrable (*adj.*)	開店できる

P

paisible (*adj.*)	静かな
parachever (*v.t.*)	完遂する
parachutisme (*n.m.*)	スカイダイビング
paralympique (*adj.*)	パラリンピックの
parapluie (*n.m.*)	雨傘
parapsychologie (*n.f.*)	超心理学
parasol (*n.m.*)	日傘
paratexte (*n.m.*)	パラテクスト
paresseux (-euse) (*adj.*)	怠惰な，無精な
parfait (*adj.*)	完全な
Parisien(ne) (*n.*)	パリの人
parisien(ne) (*adj.*)	パリの
passivité (*n.f.*)	消極性，無反応
patiemment (*adv.*)	忍耐強く，根気よく
pauvreté (*n.f.*)	貧乏
pêcheur (-euse) (*n.*)	漁師
pelletée (*n.f.*)	スコップ１杯の量
penseur (-euse) (*n.*)	思想家，考える人
pentagone (*n.m.*)	五角形

permanent(e) (*adj.*)	恒常的な
permettre (*v.t.*)	許容する
pétrolier (*n.m.*)	石油タンカー
peuplade (*n.f.*)	未開人種の集団
peureux (-euse) (*adj.*)	臆病な，怖がりの
pharmacologie (*n.f.*)	薬理学
philanthrope (*adj.*) (*n.*)	慈善の，慈善家
philatélie (*n.f.*)	切手収集
philodendron (*n.m.*)	フィロデンドロン（観賞用植物）
phonothèque (*n.f.*)	録音資料保存館
pinard (*n.m.*)	（俗語）安っぽいワイン
plantation (*n.f.*)	植え付け
plaqueminier (*n.m.*)	柿の木
platitude (*n.f.*)	平凡，月並みな言葉
pleurnichard(e) (*adj.*)	泣き虫の，めそめそする
pliage (*n.m.*)	折り曲げること，畳むこと
plumage (*n.m.*)	鳥の羽，羽毛
plumard (*n.m.*)	（俗語）ベッド
pluriannuel(le) (*adj.*)	数年にわたる
pluricellulaire (*adj.*)	多細胞の
pluriethnique (*adj.*)	多民族の
plurilinguisme (*n.m.*)	多言語使用
pluvieux (-euse) (*adj.*)	雨の多い
poignée (*n.f.*)	ひとつかみ，一握り
poissonneux (-euse) (*adj.*)	魚の多い
poissonnier (-ière) (*n.*)	魚屋
poliment (*adv.*)	丁寧に，礼儀正しく
polychrome (*adj.*)	多色の
polygame (*adj.*) (*n.*)	一夫多妻の（人）
polyglotte (*adj.*)	数ヶ国語を話す
polygone (*n.m.*)	多角形
polyphonique (*adj.*)	多声の，多音の
polysémique (*adj.*)	多義の
pommier (*n.m.*)	リンゴの木
pompiste (*n.*)	給油係
porcelet (*n.m.*)	子豚

portable (*adj.*)	持ち運びできる，携帯用の
portier (*n.m.*)	ドアマン
Portugais(e) (*n.*)	ポルトガル人
portugais(e) (*adj.*)	ポルトガルの
portugais (*n.m.*)	ポルトガル語
poudrier (*n.m.*)	（化粧の）コンパクト
poulet (*n.m.*)	若鶏
poursuivre (*v.t.*)	追跡する
précisément (*adv.*)	正確に
préparation (*n.f.*)	準備
pressentir (*v.t.*)	予感する
prétendre (*v.t.*)	言い張る
prévision (*n.f.*)	予測
pro-anglais(e) (*adj.*)	英国びいきの
procommuniste (*adj.*)	共産主義支持の
producteur (-trice) (*adj.*) (*n.*)	生産する，プロデューサー，生産者
professionnalisme (*n.m.*)	プロ意識
professionnel(le) (*adj.*)	職業上の，プロの
profitable (*adj.*)	有益な
programme (*n.m.*)	計画，プログラム
progression (*n.f.*)	進歩，進度
promenade (*n.f.*)	散歩道
pronom (*n.m.*)	代名詞
propret(te) (*adj.*)	小ぎれいな
prudemment (*adv.*)	慎重に
prunier (*n.m.*)	桃の木
pseudonyme (*n.m.*)	偽名，筆名
psy (*n.*)	精神科医
psychiatre (*n.*)	精神科医
psychologie (*n.f.*)	心理学
psychologue (*n.*)	心理学者
punition (*n.f.*)	処罰
pyromane (*n.*) (*adj.*)	放火狂（の）

Q

quadricolore (*adj.*)	4色の
quarantaine (*n.f.*)	約40の

quasiment (*adv.*)	ほぼ，ほとんど
Québécois(e) (*n.*)	ケベックの人
québécois(e) (*adj.*)	ケベックの
québécois (*n.m.*)	ケベック方言
quiétude (*n.f.*)	平穏，平安
quincaillier (-ière) (*n.*)	金物店主
quinquennat (*n.m.*)	任期の5年間
quintette (*n.m.*)	クインテット
quinzaine (*n.f.*)	約15の

R

racisme (*n.m.*)	人種差別
rapidement (*adv.*)	速く，すぐに
rarement (*adv.*)	まれに，めったに…ない
rasage (*n.m.*)	（ひげなどを）剃ること
réagir (*v.t.*)	反応する
réapparaître (*v.i.*) ＊（新）réapparaitre	再び現れる
rechanter (*v.t.*)	再び歌う
réchauffer (*v.t.*)	再び温める
reconduire (*v.t.*)	送って行く，見送る
récrire (*v.t.*)	書き直す
recueillir (*v.t.*)	集める
redire (*v.t.*)	繰り返して言う
réduire (*v.t.*)	減らす
réélire (*v.t.*)	再選する
refaire (*v.t.*)	やり直す，作り直す
réflexion (*n.f.*)	熟考
regoûter (*v.t.*) ＊（新）regouter	もう一度味わう
régulateur (*n.m.*)	調節器
réinscrire (*v.t.*)	再び記入する，再登録する
réinterroger (*v.t.*)	再質問する
remédiable (*adj.*)	改善できる
rénover (*v.t.*)	改築する
réorganiser (*v.t.*)	組織し直す
repeindre (*v.t.*)	再び塗る，塗り替える
repousser (*v.t.*)	押し戻す
reprendre (*v.t.*)	再び取る，再開する

resaler (*v.t.*)	再び塩を加える
résister (*v.t.*)	抵抗する
respectueux (-euse) (*adj.*)	尊敬している
ressortir (*v.t.*)	再び取り出す
rétro (*adj. inv.*)	復古調の
rétroprojecteur (*n.m.*)	オーバーヘッドプロジェクター
retrouver (*v.t.*)	再び見い出す
rétroviseur (*n.m.*)	バックミラー
revenir (*v.i.*)	戻る
revoir (*v.t.*)	再び会う，もう一度見る
richesse (*n.f.*)	富，裕福
rondeur (*n.f.*)	丸いこと
rougir (*v.i.*)	赤くなる
rudoyer (*v.t.*)	邪険に扱う
russophone (*n.*) (*adj.*)	ロシア語話者（の）

S

sachet (*n.m.*)	小さな袋
sadisme (*n.m.*)	サディズム
sagement (*adv.*)	賢明に，慎重に
savonnette (*n.f.*)	化粧石けん
Savoyard(e) (*n.*)	サヴォア地方の人
savoyard(e) (*adj.*)	サヴォワ地方の
savoyard (*n.m.*)	サヴォワ方言
saxophone (*n.m.*)	サクソフォン
se méfier (*v.pr.*)	信用しない
semi-automatique (*adj.*)	半自動の
semi-liberté (*n.f.*)	半自由，外出許可
semi-voyelle (*n.f.*)	半母音
s'enrichir (*v.pr.*)	裕福になる
septante (*adj.inv.*)	70の
sérieusement (*adv.*)	真面目に，真剣に
serviette (*n.f.*)	（テーブル用）ナプキン
sextet (*n.m.*) ＊ sextette も可	セクステット，六重奏団
sextuplés (*n.pl.*)	六つ子
simplicité (*n.f.*)	単純さ，素朴さ
sincérité (*n.f.*)	誠実さ，率直さ

sinophone (*n.*) (*adj.*)	中国語話者（の）
skiable (*adj.*)	スキーの，スキーのできる
skieur(-euse) (*n.*)	スキーヤー
snobisme (*n.m.*)	スノビズム，上流気取り
socioculturel(le) (*adj.*)	社会文化の
sociologie (*n.f.*)	社会学
sociologue (*n.*)	社会学者
soirée (*n.f.*)	晩，夜の時間
soixantaine (*n.f.*)	約60の
solidarité (*n.f.*)	連帯
solitude (*n.f.*)	孤独
soluble (*adj.*)	解決可能な，溶解性の
sommelier (-ière) (*n.*)	ソムリエ
somnambulisme (*n.m.*)	夢遊症
sous-alimentation (*n.f.*)	栄養不足
sous-chef (*n.m.*)	副長，次長
soucieux (-euse) (*adj.*)	心配そうな
sous-comité (*n.m.*)	分科委員会
sous-développement (*n.m.*)	後進性
sous-directeur (-trice) (*n.*)	副社長，副支配人
sous-entendre (*v.t.*)	ほのめかす
sous-entendu (*n.m.*)	ほのめかし，当てこすり
sous-estimer (*v.t.*)	過小評価する
souhaitable (*adj.*)	望ましい
sous-homme (*n.m.*)	人間以下の人，人間のくず
sous-littérature (*n.f.*)	低級な文学
sous-marin(e) (*adj.*)	海中の，海底の
sous-marin (*n.m.*)	潜水艦
sous-nutrition (*n.f.*)	栄養不足
sous-payer (*v.t.*)	安い賃金を払う
sous-préfet (*n.m.*)	副知事
sous-sol (*n.m.*)	地階，地下室
sous-titrage (*n.m.*)	字幕を入れること
sous-vêtement (*n.m.*)	下着
spectateur (-trice) (*n.*)	観客
spiritisme (*n.m.*)	交霊術

sportif (-ve) (*adj.*)	スポーツ好きの
stalinisme (*n.m.*)	スターリン主義
stéréophonique (*adj.*)	立体音響の，ステレオの
subconscient (*n.m.*)	潜在意識
subnormal (*adj.*)	標準以下の
sub-saharien(ne) (*adj.*)	サハラ以南の
succéder (*v.t.*)	後を継ぐ
sucrier (-ière) (*n.*) (*adj.*)	製糖業者，製糖の
super (*n.m.*)	ハイオク
supercarburant (*n.m.*)	ハイオク
super-doué(e) (*adj.*)	並外れた才能に恵まれた
supérette (*n.f.*)	コンビニエンスストア
superforme (*n.f.*)	とても体調がいいこと，絶好調
super-G (*n.*)	（スキーの）スーパー大回転
super-léger (-ère) (*adj.*)	（ボクシングの）ライトウェルター級の
Superman (*n.m.*)	スーパーマン
supermarché (*n.m.*)	スーパーマーケット
super-ordinateur (*n.m.*)	スーパーコンピュータ
superposer (*v.t.*)	重ね合わせる
superproduction (*n.f.*)	超大作
superprofit (*n.m.*)	過剰利益
supersonique (*adj.*)	超音速の
superstar (*n.f.*)	スーパースター
super sympa (*adj.*)	すごく感じの良い
supertanker (*n.m.*)	巨大タンカー
superviser (*v.t.*)	監督する
surréalisme (*n.m.*)	超現実主義，シュールレアリズム
syllabe (*n.f.*)	音節
sympathie (*n.f.*)	共感，親近感
symphonie (*n.f.*)	交響曲
synchronie (*n.f.*)	共時態
synonyme (*n.m.*)	同義語
synthèse (*n.f.*)	総合，集大成

T

tabagisme (*n.m.*)	ニコチン中毒
tablette (*n.f.*)	板状のもの

tacher (*v.t.*)	染みをつける
Taiwanais(e) (*n.*)	台湾人
taiwanais(e) (*adj.*)	台湾の
talentueux (-euse) (*adj.*)	才能のある
tartelette (*n.f.*)	タルトレット，小型タルト
technicien(ne) (*n.*)	技術者
technologie (*n.f.*)	工学，テクノロジー
technologiquement (*adv.*)	技術的に
télé(-)achat (*n.m.*)	テレビショッピング
téléaffichage (*n.m.*)	電光掲示板
téléalarme (*n.f.*)	非常警報
télécabine (*n.f.*)	ロープウェーのゴンドラ
télécharger (*v.t.*)	ダウンロードする
télécommande (*n.f.*)	リモコン装置
téléconférence (*n.f.*)	テレビ電話会議
télécopieur (*n.m.*)	ファックス
télédiffusion (*n.f.*)	テレビ放送
téléfilm (*n.m.*)	テレビドラマ
télégramme (*n.m.*)	電報
téléobjectif (*n.m.*)	望遠レンズ
télépathie (*n.f.*)	テレパシー
télépéage (*n.m.*)	自動料金収受システム
téléphérique (*n.m.*)	ロープウェー
télescope (*n.m.*)	望遠鏡
téléspectateur (-trice) (*n.m.*)	テレビ視聴者
télésurveillance (*n.f.*)	遠隔監視
téléthon (*n.m.*)	テレソン（テレビ番組）
télévangéliste (*n.*)	テレビ祈祷師
télévision (*n.f.*)	テレビ
tentation (*n.f.*)	誘惑
tercet (*n.m.*)	3行詩
terriblement (*adv.*)	ひどく
tétraplégie (*n.f.*)	四肢麻痺
timidité (*n.f.*)	内気，臆病
tolérable (*adj.*)	我慢できる，許容できる
tonnelet (*n.m.*)	小さな樽

Toulousain(e) (*n.*)	トゥールーズの人
toulousain(e) (*adj.*)	トゥールーズの
tourisme (*n.m.*)	観光事業
touriste (*n.*)	観光客
tournage (*n.m.*)	旋盤加工，撮影
tournée (*n.f.*)	巡業，ツアー
tracteur (*n.m.*)	トラクター
transalpin(e) (*adj.*)	アルプス山脈向こう側の
transatlantique (*adj.*)	大西洋横断の
transcanadien(ne) (*adj.*)	カナダ横断の
transdisciplinaire (*adj.*)	学際的な
transférer (*v.t.*)	移す，移転する
transfert (*n.m.*)	移転，移動
transfigurer (*v.t.*)	移送する，移転する
transformation (*n.f.*)	変化，変質，変革
transformer (*v.t.*)	変える，変形する
transiter (*v.i.*)	トランジット客として通過する
transmanche (*adj.*)	英仏海峡を横断する
transmettre (*v.t.*)	伝える，伝わる
transocéanique (*adj.*)	大西洋横断の
transpirer (*v.i.*)	汗をかく
transporter (*v.t.*)	運ぶ
transsexuel(le) (*adj.*) (*n.*)	性転換をした（人）
transsibérien(ne) (*adj.*)	シベリア横断の
trilingue (*adj.*)	トリリンガルの
trotskisme (*n.m.*)	トロツキズム
trouée (*n.f.*)	抜け道，抜け穴
tutoyer (*v.t.*)	tu で話しかける

U

ufologie (*n.f.*)	UFO 研究
ultramoderne (*adj.*)	超近代的な
ultra propre (*adj.*)	とても清潔な
ultrason (*n.m.*)	超音波
unanimité (*n.f.*)	全員一致
unicolore (*adj.*)	単色の
unité (*n.f.*)	統一

V

vastitude (*n.f.*)	広大
végétarisme (*n.m.*)	菜食主義
véliplanchiste (*n.*)	ウィンドサーファー
vendeur (-euse) (*n.*)	販売人
ventilateur (*n.m.*)	換気扇，扇風機
vététiste (*n.*)	マウンテンバイク乗り
veuvage (*n.m.*)	やもめ暮らし
vidéothèque (*n.f.*)	ビデオライブラリー
vider (*v.t.*)	（容器を）からにする
vieillesse (*n.f.*)	老年，老化
vigneron(ne) (*n.*)	ブドウ栽培者
vinaigrette (*n.f.*)	フレンチドレッシング
violoniste (*n.*)	ヴァイオリン奏者
virologie (*n.f.*)	ウィルス学
viticulteur (-trice) (*n.*)	ブドウ栽培者
voiturette (*n.f.*)	手押し車，小型自動車
voyoucratie (*n.f.*)	やくざの天下，暴力の支配
vraiment (*adv.*)	本当に

X

xénophile (*adj.*)	外国（人）びいき
xénophobe (*adj.*)	外国（人）嫌いの
xylophone (*n.m.*)	木琴，シロホン

Z

zoothèque (*n.f.*)	動物はく製資料館

著者略歴

小倉 博史（おぐら ひろし）

1978 年　大阪市立大学大学院博士課程単位取得中退
1978 年　京都外国語大学講師
1990 年より　同大学教授
ロマンス語学専攻　京都外国語大学名誉教授　文博
著書：『フランス名句辞典』(共著),『セシ・ボン――フランス語に興味がわく本』,『ボン・ボワイヤージュ――旅に役立つフランス語会話』（共著），『フランス語をはじめよう』,『文化と歴史で学ぶフランス語』,『迷わず話せるフランス語』（共著），『仏検 2 級・3 級対策　プログレ』（共著），『頭の体操――フランス語で遊ぼう』（共著），『仏検準 1 級・2 級対策プログレソン』（共著），『仏検対策 5 級問題集』（共著），『仏検対策 4 級問題集』（共著），『仏検対策 3 級問題集』（共著），『語の有縁性と比喩表現について』，『フランス語超入門』
訳書：『ベルリッツ海外旅行会話ブック』

モーリス・ジャケ（Maurice JACQUET）

2000 年　ブルゴーニュ大学大学院修士課程修了
フランス語教育学専攻　京都外国語大学名誉教授
著書：『ボン・ボワイヤージュ――旅に役立つフランス語会話』（共著），『仏検準 1 級・2 級必須単語集』（共著），『迷わず話せるフランス語』（共著），『仏検 2 級・3 級対策プログレ』（共著),『頭の体操――フランス語で遊ぼう』(共著),『仏検準 1 級・2 級対策プログレソン』（共著），『仏検対策 5 級問題集』（共著），『仏検対策 4 級問題集』（共著），『仏検対策 3 級問題集』（共著），『仏検対策 2 級問題集』（共著），『仏検対策準 2 級問題集』（共著），『仏検対策準 1 級・1 級問題集』（共著）

フランス語の接頭辞・接尾辞

2020年12月1日　初版発行

著者　小倉博史
　　　モーリス・ジャケ
協力　山川清太郎
発行者　井田洋二
製版・印刷・製本　㈱フォレスト
発行所　**㈱駿河台出版社**

〒101-0062 東京都千代田区神田駿河台3の7
電話 03(3291)1676／FAX 03(3291)1675
info@e-surugadai.com
http://www.e-surugadai.com

ISBN 978-4-411-00549-6 C1085